武士の道徳学

徳川吉宗と室鳩巣『駿台雑話』

川平敏文

角川選書

671

はじめに

室鳩巣《むろきゅうそう》という人物の名前を聞いたことはあるだろうか。日本史に興味がある人なら、「享保の改革」のところで、徳川吉宗《とくがわよしむね》の名前とあわせて出てきたのを覚えているかもしれない。あるいは、古典文学に興味がある人なら、近世の「随筆」のところで、『駿台雑話《すんだいざつわ》＊』という書名とともに覚えているかもしれない。

そのように、高等学校の教科書にも載るくらいの人物ではあるが、しかし彼が実際どのような人物で、どのような仕事をし、どのような著述を残したのかを知る人は、あまりいないのではなかろうか。

鳩巣は十八世紀初頭に江戸幕府に仕えた儒者で、当時の政治・思想・文学・教育などのさまざまな方面を考えるうえで、じつは重要な人物である。

彼はもともと江戸の生まれであるが、若いころに加賀藩主・前田《まえだ》綱紀《つなのり》に見出され、藩儒（藩の儒者）として仕えていた。北陸の一儒者として一生を終えるものと、自分では思っていただろう。ところが五十四歳のとき、同門ですでに幕府の政治に深く参与していた新《あら》井《い》白石《はくせき》の推薦をうけ、幕儒（幕府の儒者）として召し抱えられる。

その後、将軍・徳川吉宗の世になり、白石は失脚して、政治の表舞台から姿を消す。このとき吉宗から大きな信頼を寄せられたのが、鳩巣であった。吉宗が行った、いわゆる「享保の改革」は、財政・組織・農政・文教など多方面にわたるが、とくに文教方面の相談役として、鳩巣は活躍することになる。

たとえば吉宗は、中国明《みん》代に作られた庶民教訓書『六諭衍義《りくゆえんぎ》』を、わが国の教化に取り入れようとし、鳩巣にその和訳を命じる。名づけて『六諭衍義大意《りくゆえんぎたいい》』。そのテキストは、近世中期から幕末にかけて、さまざまな階層、さまざまな地域の人々によって、何度も再版が繰り返され、読まれ続けた。

また、鳩巣の代表作といえる『駿台雑話』は、その生涯の最晩年、幕儒を引退する間際に書かれた和文随筆である。本書は、鳩巣の政治・思想・文学などについての考えが、門人や客人と談話する形式に寄せて書かれたもので、彼の死後、約一八年を経て刊行された。

そこに書かれている鳩巣の考え、とくに思想方面にかんするそれは、十八世紀末に老《ろう》中《じゅう》・松平定信によって推進された、いわゆる「寛政異学の禁」の骨子をなしている。また、本書のなかに載る、往古の武士たちの忠義の逸話や、和漢の詩歌を評判した文章は、近代前期（明治~昭和戦前）の国語教科書において、頻出教材となった。

こうして見れば、『駿台雑話』は、近世中期から近代前期にいたるまでの長いスパンで、日本人の道徳観の涵養《かんよう》や文学観の形成に、少なからず貢献していたと言える。戦後、価値観は大きく変わってしまったが、それでも現代に生きるわれわれの道徳観や文学観につながる部分もあるだろう。

ところが鳩巣は、政治史的には新井白石、思想・文学的には荻生徂徠《おぎゅうそらい》、教育史的には貝原益軒《かいばらえきけん》といった、ほぼ同時代の儒者たちの影に隠れてしまっているように見える。その理由のひとつは、彼がいわば燻《いぶ》し銀のように、目立つことをいさぎよしとしなかったからである。

鳩巣が信奉していたのは朱子学であるが、その朱子学で最も重要とされたのが、「中庸」の精神である。中庸とは、単純にものごとの真ん中を取ればよいということではない。しっかりとした理念のもとに、どこが本当の真ん中であるかを判断し、またその状態を不断に維持し続けることである。

こんな逸話がある。

享保十三年（一七二八）、交趾国《コーチ》（ベトナム）からゾウが贈与された。長崎から七四日をかけて江戸城まで連れてこられ、途中、京都で天皇の叡覧《えいらん》のため、従四位の位階を授けられて参内したことなどは有名な話である。異国の巨大動物についての日本人の関心は高く、ゾウについての詩歌や文章がたくさん作られた。たとえば漢詩については、奥田三角《おくださんかく》『詠《えい》象詩《ぞうし》』（享保十四年〈一七二九〉刊）に、その一端がまとめられている。

また享保十六年（一七三一）十一月十三日、江戸で甘露《かんろ》が降ったという噂が広まった（『有徳院殿御実紀《ゆうとくいんどのごじつき》』巻三四）。甘露とは、中国古代の言い伝えで、仁政が行われて世がよく治まっているときに降るという瑞祥《ずいしょう》だ。二十二日、江戸城では、布衣《ほい》（六位相当）以上の者に祝いの酒が振舞われ、翌年正月には、幕儒の筆頭である林鳳岡《はやしほうこう》はじめ、林家《りんけ》一門が祝福の詩を連ねた。

後述する『可観小説《かかんしょうせつ》』巻二七に収まる書簡のなかで、これらふたつのことについて、鳩巣は次のように言っている。「初《はじめ》・中《なか》・後《あと》、象と甘露の事、詩に作り申さざる者は、儒生には老夫一人に御座候」。はじめからおわりまで、象と甘露のことを詩に作らなかった儒者は、私ひとりだというのである。

この言葉の真意は、その記事の数条あとに、門人の青地《あおぢ》礼幹《のりもと》がこの言葉を引いて、「曲学阿世の輩、寒心すべき事なり」と言っているところに明らかだ。自分はこうした浮わついたことがらに興じたり、政権におもねったりすることはないということである。彼が理想とする中庸の精神を、端的にあらわす逸話ではないだろうか。

本書ではこの室鳩巣という人物とその著述について、さまざまな角度から光を当ててみる。具体的には、次の八つの章を準備している。

まず序章では、幕儒になる以前の加賀藩儒時代、鳩巣がどのような思いで過ごしていたかを、最新の研究を参照しつつ概観する。あわせてここでは、本格的にはおそらく学界初ではないかと思われる、重要な資料（自筆本『兼山麗澤秘策《けんざんれいたくひさく》』）についても紹介する。

第一章では、江戸に招聘《しょうへい》された鳩巣が、幕儒としてどのような仕事をこなしていたのかを、公開講釈と御前講釈という、二つの講釈を中心に考えてみる。その実態は、従来ほとんど明らかになっておらず、歴史学的にも興味深いものとなるであろう。

第二章では、徳川吉宗が鳩巣に編述を命じた『六諭衍義大意』が、どのようなやり取りを経て完成したのかを追いかける。政治家（吉宗）と学者（鳩巣）という立場、あるいは個人的な教育観の違いをふまえ、どのようなせめぎ合いを演じたかが見どころである。

第三章は、鳩巣の主著ともいえる『駿台雑話』（以下『雑話』）が、どのような社会背景のもとで書かれたかを押さえておく。本書はいちおう「随筆」と分類されているが、たんなる「随筆」概念ではとらえられないメッセージ性が、そこにあることを指摘する。

第四章では、『雑話』における思想的問題を取り上げる。鳩巣にとっての「正学」は朱子学であるが、このとき朱子学は、存亡の危機に瀕していた。彼は「異学」の徒とどう闘ったのか。彼が門人たちに送った書簡類から、「生《なま》の声」を拾い上げつつ論じてみたい。

第五章は、『雑話』における武家説話を取り上げる。本書には徳川家康や、幕府創業期の武士たちの逸話が多く収録されている。これらはたんに「昔は良かった」式のノスタルジーで書かれたのであろうか。テキストの奥にある仕掛けについて考えてみる。

第六章では、『雑話』における文学論を取り上げる。鳩巣は和漢の文学についても造詣が深かった。道徳を根本におく彼の文学観は、今日における「文学」のイメージとはだいぶズレがあるが、しかしそれは、江戸時代の「標準」を示していたと思われる。

最後に終章では、『雑話』を中心とした鳩巣の著述が、後世にどのように広がったかを見る。それらは先述のように、時間的には、昭和戦前まで長く読まれたのであるが、空間的にも、琉球や蝦夷地といった「異国」にまで広がっていた。この事実は何を意味するか。

以上、室鳩巣という人物の晩年をつぶさに観察しながら、その著述がいかなる背景のもと、いかなる意図のもとに書かれ、またいかなる実際的な影響を及ぼしたのかを、本書では見ていく。そこでは、思想・歴史・文学などさまざまな分野で、これまで見えていたようで見えていなかった問題が明らかになっていくだろう。

＊なお、『雑話』巻一の「目録」のなかには、「駿台問答」という言葉が出てきて、そこには「しゅんだいいもんどう」という振り仮名がつけられている。これにならえば、「駿台雑話」も本来は「しゅんだいいざつわ」と読むべきなのかもしれないが、いまは通例に従って「すんだいざつわ」と呼んでおく。

目次

はじめに　3
凡　例　14
序　章　鳩巣、江戸へ――不遇意識のゆくえ　17
幕儒・室鳩巣の誕生／儒学者への道／加賀藩儒時代の師友／前田綱紀は明君か／漢詩の寓意／新井白石との関係／鳩巣の書簡資料／自筆本『兼山麗澤秘策』の存在
第一章　幕儒としての日々　39
1　高倉屋敷の公開講釈　40
林家の聖堂講釈／吉宗の叱責／木門の高倉屋敷講釈／伸びない受講者数／直参の無関心
2　吉宗への御前講釈　57
初めての御前講釈／吉宗の下問／『貞観政要』と吉宗／侍講の効果
第二章　庶民教化の時代　71
1　吉宗の文教ビジョン　72

吉宗の教化政策／「六諭」と『六諭衍義』／吉宗の東アジア研究／『六諭衍義』和訳の下命／前田綱紀の反応と林家

2 『六諭衍義大意』の官刻 86

鳩巣と吉宗の文教イメージ／荻生徂徠による付訓本／『大意』の完成／吉宗と鳩巣の教育観

第三章 『駿台雑話』の成立 101

1 武家知識人としての類型 102

『五常五倫名義』／佚斎樗山と岩田彦助／執筆の年齢と動機／西丸奥儒者へ異動／病状の悪化

2 談義本と随筆のあいだ 116

『雑話』の執筆と構想／「はなし」としての『雑話』／『雑話』の献上と刊行／文章へのこだわり

第四章 異学との闘い 133

1 「正学」の思想 134

『雑話』の「図取り」／闇斎学・陽明学・仁斎学の論点／闇斎学・陽明学・仁斎学へ

の批判／徂徠学の論点／徂徠学への批判／「老僧が接木」の真意
2　鳩巣の儒者評判　152
闇斎学派（1）――三宅尚斎・松田善三郎／闇斎学派（2）――佐藤直方・跡部良顕／陽明学派――三輪執斎／仁斎学派――伊藤仁斎・伊藤東涯／徂徠学派（1）――荻生徂徠／徂徠学派（2）――荻生北渓・山田麟嶼
3　林家・木門との関係　168
林家――林鳳岡・榴岡／木門――木下菊潭・雨森芳洲／その他――安積澹泊・梁田蛻巖
第五章　武士を生きる　179
1　明君の条件　180
武士の血／『楠諸士教』（『明君家訓』）／家康説話――去私・納諫・択官／吉宗の評判／質素（寡欲）／納諫／択官／吉宗への不満
2　理想的な家臣像　199
『赤穂義人録』／忠義／諫言／人情／ノスタルジーなのか？／当代武士の実態
第六章　文学とは何か　217

1　詩文の楽しみ　218
義理と人情／漢詩の好尚／中晩唐、宋詩への姿勢／徂徠学的「古文辞」詩／ふたつの「古文」／明代古文辞派の問題点／再び徂徠学への批判
2　日本古典への造詣　234
鳩巣と和歌／儒者の和学／和歌と漢詩／『古今集』を読む／『万葉集』の評価／兼好と『徒然草』／『伊勢物語』『源氏物語』は宝か？／再び『徒然草』の評価／鳩巣の文学観

終章　後代への影響――『駿台雑話』の受容史　253
鳩巣の死／十八世紀後半の『雑話』評／寛政の「異学の禁」へのつながり／「日本」を超えて――琉球・蝦夷地／近代（戦前）の教科書／何が人気の教材であったか／『雑話』の戦後

あとがき　274
参考文献　277
参考年表　290
書名索引・人名索引　298

作図／小林美和子

凡例

◇資料の引用は、原則として現代語訳および要約とし、適宜、原文を用いた。
◇原文を引用する場合は、以下のような改変を行った。
・送り仮名を付加した。《例》行て→行きて、存候→存じ候
・代名詞・連体詞・助動詞など、特定の漢字を平仮名にした。
《例》其→それ・その、此・之・是→これ・この、有→あり、無→なし、被→る、度→たし、成・也→なり、など。
・おどり字は通常の表記にした。《例》たゞ→ただ、なか〳〵→なかなか
・漢文の引用は、原則として書き下し文にした。文章の一部が漢文体となっているものも含む。
《例》奉存候→存じ奉り候、有之候処→これあり候処
◇引用の文中、または後にある〔 〕は、川平が付した簡易な現代語訳である。
◇注釈的な内容は、（ ）で括った。
◇傍点はすべて川平が付したものである。
◇以下の五資料の典拠、およびその表示は、次の要領による。

（1）『兼山麗澤秘策』

・典拠＝

①早稲田大学図書館蔵自筆本（請求記号：ヘ10 05286）、以下「自筆本」
https://www.wul.waseda.ac.jp/kotenseki/html/he10/he10_05286/index.html

②瀧本誠一編『日本経済大典』第六巻（史誌出版社、一九二八年）、以下「大典本」

・巻一～五までは、自筆本のコマ番号と、大典本のページ数を併記する。
なお、自筆本のコマ番号の後のアルファベットは、A＝見開き右側、B＝見開き左側、である。

《例》『兼山』二、50B、358
　→　自筆本・巻二の第50コマ左側、および大典本・358ページ
『兼山』三、6A、374
　→　自筆本・巻三の第6コマ右側、および大典本・374ページ

・巻六～八は自筆本には存在しないので、大典本のページ数のみ記す。

《例》『兼山』六、602　→　大典本・巻六の602ページ

（2）『可観小説』

・典拠＝日置謙校訂『可観小説』（加越能叢書、金沢文化協会、一九三六年）

《例》『可観』一〇、199　→　加越能叢書本・巻一〇の199ページ

（3）『浚新秘策』

・典拠＝日置謙校訂『浚新秘策』（加越能叢書、金沢文化協会、一九三六年）

《例》『浚新』四、32　↓　加越能叢書本・巻四の32ページ

（4）『鳩巣小説』

・典拠＝近藤瓶城編『鳩巣小説』（続史籍集覧、近藤活版所、一九五一年）

《例》『鳩巣』上、15　↓　続史籍集覧本・巻上の15ページ

（5）『駿台雑話』

・典拠＝森銑三校訂『駿台雑話』（岩波文庫、一九三六年）

・各話に番号はないが、私に付した。

《例》『雑話』巻三－三　↓　岩波文庫本・巻三の第三話

序　章　鳩巣、江戸へ

――不遇意識のゆくえ

幕儒・室鳩巣の誕生

宝永八年（一七一一）三月十五日、加賀藩儒・室鳩巣は金沢を発ち、江戸へ向かった。同月二十三日に江戸に到着、二日後の二十五日、加賀藩聞番《ききばん》（留守居役）・湯原十左衛門《ゆはらじゅうざえもん》の付き添いのもと、江戸城へ初登城。躑躅間《つつじのま》にて、老中・秋元喬知《あきもとたかとも》から、幕儒として召し出すことを伝えられた（『鳩巣先生年譜《きゅうそうせんせいねんぷ》』、国立公文書館内閣文庫蔵）。同じ木下順庵の門人で、すでに六代将軍・徳川家宣《とくがわいえのぶ》のブレーンとして活躍していた、新井白石の推挙によるものである。

四月一日には家宣にはじめて謁見、同じ月の末に、大塚に住居を賜った。六月二十一日には、金沢に残してきた家族も合流し、人生の再スタートをきる。このとき鳩巣、すでに五十四歳。再スタートというには、いささか遅すぎる年齢である。じっさい彼が歴史の表舞台で活躍したのは、驚くべきことに、このあと約一〇年という短い期間でしかなかった。

しかしそれは、たいへん「濃密」な一〇年間であったと言える。なぜなら、八代将軍・徳川吉宗が主導した享保の改革の前半期に決定的な役割を果たしたことで、歴史に深くその名を刻んだからである。後述のように、それはこれまでの五十余年という歳月をかけてため込んできた知識と情熱を、あたかも一気に解放したかのようであった。

本書はその「濃密」な一〇年間と、その後、引退・死去するまでの約一〇年間に、鳩巣が何を考え、どう行動したか、そしてそれが同世代、および後代にどのような影響を与えたかを考察するものだ。

そこで序章として、鳩巣が再スタートをきるまでの約五〇年のあいだ、どんな人生を送ってきたのかを略述する。あわせて、本書で中心的にとりあげる資料類のあらましを、ごく簡単に紹介しておくことにしたい。

鳩巣肖像（部分、早稲田大学図書館蔵）

儒学者への道

まずはその人生について。以下、基本的な伝記事項は、冒頭にも参照した『鳩巣先生年譜』による。

鳩巣、その名は直清、字は師礼、通称は新助。別号に滄浪《そうろう》。明暦四年（一六五八）二月二十六日、武蔵国谷中《やなか》に生まれた。父祖はもと備中国の尼子氏に仕えた下級武士で、父・玄樸《げんぼく》のころに江戸に移住した。父は思うところあって官に仕えず、町医者として一生を終えたという（『補遺鳩巣先生文集《ほいきゅうそうせんせいぶんしゅう》』巻一一「玄樸先生室君碑陰記」)。

鳩巣は寛文十一年(一六七一)、十四歳のころにはすでに加賀藩主・前田綱紀に見出されていたようで、このとき加賀藩儒であった木下順庵は、鳩巣のことを「室少年《むろしようねん》は穎悟《えいご》絶倫〔賢く優れている〕、歳纔《わず》かに十四にして頭角嶄然《ざんぜん》〔ひときわ頭角を現し〕、既に老成の気象〔熟練したおもむき〕あり、書を講じ詩を賦す」と書いている(『錦里文集《きんりぶんしゆう》』巻一二)。秀才として名が知られていたのだろう、翌十二年には加賀藩に小坊主として召し抱えられた。そしてこの年の秋、上京して順庵に入門する。加賀藩公認の「留学」である。

順庵はこのとき、本宅や私塾のある京都、主君の所領である金沢、主君が参勤した場合の江戸という三ヶ所を、およそ二年で一回りする生活を送っていたが、鳩巣はこれに付き従っていた。いわば師匠のカバン持ちである。

このころの逸話として有名なのが、京都・北野天満宮に参籠したときの不思議な体験である。十八歳のとき、彼は「学問といへども、神助ならでは〔神様の助けがなくては〕」成就しないと思い、順庵に許可を得て、北野天満宮に一晩参籠することにした。

鳩巣は内陣に誓詞を捧げて、籠屋《こもりや》にひとり座していた。深夜になって、しきりに眠気を催したので、両手をくんで額を載せ、少しウトウトしていたところ、内陣から雲が出てきて、部屋全体を覆ったように思われ、眠気が覚めた。これは天神様が、わたしの願いに感応された証拠だと思い、その後、ますます昼夜勉学に励むようになった――と。このエピソードは『可観小説』（以下『可観』）巻八、および『兼山麗澤秘策《けんざんれいたくひさく》』（以下『兼山』）巻五に見えるが、両資料がいかなる特徴をもつかについては後述する。

天和《てんな》二年（一六八二）、師の順庵が幕儒として抜擢されたこともあって、以降、鳩巣は藩主・前田綱紀から、順庵の代わりに諮問を受ける機会も次第に増えてきた。綱紀が側近の学者たちに諮問した内容、およびその回答を集めたものに『好祐類編《こうゆうるいへん》』（尊経閣文庫蔵）という書物があるが、そのなかで鳩巣の名前の見える最も早い例が、天和三年（一六八三）であるという（杉下元明「木下順庵と室鳩巣　其三」）。

そして翌年の貞享元年（一六八四）、二十七歳のとき、鳩巣ははじめて俸給一五〇石を拝領する。正式に儒者として認められたということである。また元禄三年（一六九〇）、三十三歳のときには、さらに五〇石を加増されて、計二〇〇石となる。これは、儒者としてはまず平均的な俸給と言えよう。

加賀藩儒時代の師友

加賀藩儒時代の師友として重要な人物のひとりは、山崎闇斎《やまさきあんさい》門下の儒者・羽黒《はぐろ》（牧野）養潜《ようせん》である。

養潜はもと彦根藩儒、のちに金沢に寓居《ぐうきょ》して在野の学者として活動し、晩年は再び彦根に招聘された（『可観』二四、464）。鳩巣は、京都の木下順庵塾で勉学していた三十歳手前ごろ、養潜とはじめて出会い、以後長く親交することになった。養潜は鳩巣よりも三〇年近く年長であったため、親交とはいっても師事に近いものであったかもしれない。

鳩巣は養潜に宛てた書簡のなかで、「義理」（思想）は養潜に認められて自信をもち、「文辞」（文学）は順庵に褒められて満足したとし、「二公（養潜と順庵）は天下の知己（自分の理解者）なり。故に平生、今の世は二公あるを以て楽しみと為すのみ」（『前篇鳩巣《ぜんぺんきゅうそう》先生文集《せんせいぶんしゅう》』巻一〇「羽黒先生に答ふる第二書」）と言っている。鳩巣は、門流からいえば順庵門下（木門《ぼくもん》）に位置づけられる。しかしその学問の内実からすれば、半分は闇斎門下（崎《き》門《もん》）の血を引いているのである。これは鳩巣の思想・学問を考えるさい、見落とせないポイントである。

加賀藩士には鳩巣の弟子が多いが、そのなかには、もともと養潜の弟子だった者が何人もいる。奥村脩運《おくむらすけかず》・山根《やまね》敬心《けいしん》・青地《あおぢ》斉賢《なりかた》・青地礼幹などがそうである。彼らは養潜の没後、鳩巣の門人となったのであって、鳩巣にとってみれば、もともと学友のような関係であった（『補遺鳩巣先生文集』巻一「小谷勉善の字に序す」）。

また、のちに鳩巣の実質的なライバルとなる儒者・荻生徂徠も、養潜を「その人、豪傑なり」（『蘐園随筆《けんえんずいひつ》』巻三）と絶賛している。青地礼幹はこれを見て、養潜は加賀藩で尊敬されている人なので、徂徠には加賀藩へ仕官したいという「下心」があったのではないかと勘ぐっている（『兼山』二、50B、358）。

養潜は著述をほとんど残していないため、これまで儒学史のなかで記述されることがほとんどなかったが、このように当時は名望があり、鳩巣の学問形成にとっても重要な人物であった。

もう一人、鳩巣の処世に影響を与えたと思われる人物に、加賀藩士・葛巻昌興《かずらまきまさおき》がいる。畑中榮《さかえ》によれば、天才肌の鳩巣にとって、昌興は心を許せる「数少ない友の一人」であったという（「加賀藩と室鳩巣　葛巻昌興との交流 その1」）。

昌興は鳩巣より二歳年上。キャリアのはじめは俸給二五〇石であったが、二人の交流がはじまった貞享ごろには、昌興は奥小将《おくこしょう》として五五〇石となっていた。また元禄三年（一六九〇）には、綱紀側近の奥取次《おくとりつぎ》となり、八五〇石に加増される。まさに累進のエリートであった。

昌興は鳩巣から『大学』や『論語』の講義を受けたり、またときに漢詩を賦して鳩巣に添削を依頼したりすることもあったが、彼がみずからの表現手段として主に用いたのは和歌であり、和文（紀行・随筆）であった。鳩巣と昌興は他の友人たちもまじえ、江戸の加賀藩邸や金沢の自宅で、しばしば詩歌会を開催している。

その昌興は元禄六年（一六九三）三月六日、三十八歳のとき、ある事件にかんする綱紀の処分が重すぎるという上書（意見書）を投じたことが問題となり、能登の津向《つむぎ》へ配流となってしまう。のちに許されたが、昌興はこれに応じることなく、一二年後の宝永二年

（一七〇五）、かの地で五十歳の生涯を閉じた。

上書の背景にはおそらく、この事件だけに収まらない、加賀藩政におけるさまざまな問題があったのだろう。『可観』巻四〇には、昌興の日記が抄出されているが、そのなかに、上書を提出する直前に、鳩巣と詩歌をやり取りした記録が残っている。

上書提出の覚悟を詠じた昌興の和歌に対し、鳩巣は「満城の桃李 路塵の中／清処に花を看るとは自《おのず》から同じものならず」の句で始まる漢詩で応じた。畑中（上記論文）はこの句を、「城中には、どこもかしこも桃李の花盛りであるが、どれもみな塵にまみれている。昌興の庭で見る花と、花は同じであるが趣は自然と相違する」と訳し、「塵埃にまみれた城中の桃李は、富貴をほしいままにする権力者達であったろう」と補足している。ここには昌興の行動に理解を示し、その覚悟に同情する鳩巣の気持ちが表れている。それは、以下の事実によって証明されるだろう。

前田綱紀は明君か

鳩巣はどのような思いで、加賀藩儒時代を過ごしていたのか。近年このことが、山本嘉孝の一連の研究（『詩文と経世』第一・二章）によって、明らかになりつつある。

元禄十一年（一六九八）、鳩巣は弟子の青地礼幹に宛てて、漢文書簡をしたためた（『前篇鳩巣先生文集』巻一〇「青地貞叔に答ふる書」）。その内容は、礼幹が加賀藩政について意見を上申しようとしていることに対し、鳩巣がみずからの見解を述べたものである。

その冒頭で鳩巣は、自分は「顧問の職」（藩儒）に就いたが、主君の命令に従って罪を遠ざけることができず、かえって「狂直の言を以て、自《みずか》ら僭踰《せんゆ》の誅《ちゅう》を犯」した、とある。分際をわきまえず、自分の思うところをまっすぐ述べてしまった、というのである。すると「明主」（立派な君主）である綱紀は、「その身を全うして退きて、以て閑散の地に優游《ゆうゆう》することを得しむ」、つまり鳩巣を罪することなく退かせ、のんびりとした場所でゆったりと過ごすことを許してくれた、という。

この諫言がいつ、どのように行われたのかは、はっきりとしない。したがって、これが先の昌興の事件とどう関連するかは不明であるが、いずれにしろ、鳩巣が昌興を「同志」と考えていたことは、ここから明らかであろう。

ところで、ここで綱紀は「明主」と書かれており、またその「恩もまた已《すで》に深し」ともあって、鳩巣は感謝の意を表明している。だが、「閑散の地に優游することを得しむ」とは、なかなか微妙な表現である。鳩巣の諫言が容れられたのでは、少なくともないらしい。むしろ何ごともなかったかのように——昌興のように罰せられることすらなく——無視されてしまったのであろう。「顧問の職」にある者として、これはまことに忸怩《じくじ》たる出来事であったに違いない。山本はここに、鳩巣の「不遇」意識を読み取る。

この書簡を書いた前年の元禄十年（一六九七）、鳩巣は母を亡くし、墓碑銘を記した

（『補遺鳩巣先生文集』巻一一「室君玄樸配平野氏碑陰記」）。そのなかに次のような文章があって、上の出来事との関係をうかがわせる。「微禄、養を為すこと十有一年、直清（鳩巣）、愚を以て世に遭はず、夫人の憂《うれ》ひと為ることを恐る」。自分はこの一一年、薄給で母を養ってきた、しかし自分の力不足のため、世の中の役に立つこともできず、母に心配をかけたかもしれない、と。

これも一見、みずからの非才を恥じているだけのようである。だが先述のような出来事を背景に置けば、ここの「世に遭はず」というのも、みずからの意見を取り立ててくれない加賀藩上層部への不満とも、表裏一体ではなかったかと思われてくる。

漢詩の寓意

山本によれば、鳩巣の加賀藩に対する不遇意識や批判意識は、彼の述作した漢詩のなかにも見られるという（前掲書、第二章）。

鳩巣が幕儒として招聘される前に、中国六朝時代の詩人・陶淵明《とうえんめい》の詩に唱和して作った、「和《わ》陶詩《とうし》」と題する一連の詩群がある（『前篇鳩巣先生文集』巻一）。淵明は、わずらわしい仕官をやめて故郷に戻り、悠々として暮らそうという決意を述べた「帰《き》去来辞《きょらいのじ》」という詩で有名である。そもそも、淵明にみずからをなぞらえるような行動が、このころの鳩巣の心境を反映しているともいえる。

鳩巣の「和陶詩」は、全四二首からなる。そのうち、「擬古五首」と題されたものの第三首は、いわゆる閨怨《けいえん》詩（女性が、愛する男性の訪れないことを嘆く詩）である。詩の終盤に、久しく離れ離れとなっている男性のことを思いながら、女性が、散ってしまった桃李の花を拾い上げるという場面がある。そのあと詩は、「時を過ぎて贈る所なし／飄零《ひょうれい》（落ちぶれること）これを奈何《いかん》せん」と締めくくられる。

趣向や辞句は徹底的な古詩の模倣なのだが、注意しなければならないのは、このような閨怨の趣向が、古来、女性を賢人、男性を主君に見立てて、「才能があるのに用いられない賢人の姿を託したもの」として解釈されてきたということである。閨怨詩のこのような解釈は、『文選《もんぜん》』や『古文真宝』といった著名な詩文集の注釈にも見られて、一般的であった。とすれば、鳩巣がみずからの「不遇」をこの詩に託したということも、可能性として考えられてくる。

また、第四首はまさしく「不遇」を詠んだ詩である。その後半をそのまま書き出してみる。「道成りて用ふる所なし／帰り来り山丘に臥《ふ》す／自《みずか》ら悲しむ　世に生まるること晩《おそ》くして／殷《いん》と周（中国古代の聖代）とに遇はざることを／吾《われ》、長往の者〔隠者〕にあらず／猶《な》ほ望む君に求められんことを」。詩意は明瞭で、いまは不本意ながら「山丘に臥す」身であるが、自分を見出してくれる名君がいれば、いつでも仕官するつもりである、というのである。山本はここに、「自分の才能を十分に活用してくれない加賀藩主への不満をひそかに詠み込んだ可能性」と、「江戸幕府に召されることへの希望」を指摘している。

これらはあくまでも、淵明の詩にならった「模倣」である。その意味で、鳩巣の現在の境遇を重ね合わせる必要はないのかもしれない。しかし同時に、こうした「模倣」は、みずからの思いを託し、カムフラージュする方法として、千年以上も前から使われてきた常套手段なのであった。鳩巣の置かれていた状況が明らかになりつつあるいま、山本の指摘は非常に興味深い。

新井白石との関係

ところが、この鳩巣の積年の思いを晴らすべき機会が訪れる。幕儒への登用である。前述のとおり、これは同門の新井白石の推挙によるもので、じつは鳩巣とともに、順庵と関係の深い水戸藩儒・三宅観瀾《みやけかんらん》も招聘された。林鳳岡《はやしほうこう》を筆頭とする林家《りんけ》およびその門下生（林門《りんもん》）ではなく、このように木門周辺の儒者が相次いで補強されたのは、まったく白石の力によるというほかはない。白石がいなければ、鳩巣の幕府への仕官はなかったと言ってよい。

白石は鳩巣より一つ年上であったが、順庵への入門は鳩巣よりもずいぶん遅く、貞享三年（一六八六）、三十歳のときであった。白石の運命もまた波瀾《はらん》万丈で、紆余《うよ》曲折を経たあと、元禄六年（一六九三）から仕官していた甲府藩主・徳川綱豊《とくがわつなとよ》（のち家宣《いえのぶ》と改名）が、第六代将軍に就任することになり、みずからも幕政に参与しはじめる。それから家宣の絶大なる信頼のもと、側用人《そばようにん》の間部《まなべ》詮房《あきふさ》とともに、通貨・農政・貿易など諸方面において、次々と革新的な政策を打ち出していった。いわゆる正徳の治である。

白石の政策は急進的なものであり、それゆえに政敵も多かった。前代の綱吉政権に近かった幕臣たちはもちろん、儒者衆のなかでも林家一門は、これに激しく対峙《たいじ》した。鳩巣は基本的に、政策面では白石の相談役となってサポートをしたが、その強硬ともいえる姿勢には、ときに友人として、書面をもって忠告した。「白石丈人に与ふる諫書《かんしょ》」がそれである（『兼山』二、59B、369）。

貴兄の学力はいにしえの菅公（菅原道真）に勝るほどであり、また幕府での活躍は誰もが知るところである。まさに破竹の勢いというべきであるが、その言葉や顔つきは「剛鋭果敢の気盛《さかん》にして、謙退抑損の心すくなし」、すなわち、強くて思い切りのよい気性が勝っていて、謙虚にへりくだる心が少ない。たとえば堂を建てるときは、高さを一尺増そうと思えば、基礎も一尺増さねばならない。そうしないと安定しないからである。人の成功を嫉み、失敗を喜ぶのが世の習い。どうか謙遜の心を持ち、高い評判に瑕がつかないことを願っている。（要約）

じつは、この忠告が書かれた前月に、白石の強力な後ろ盾となっていた将軍家宣が、五十一歳で亡くなっていた。次の将軍には、いまだ五歳であった嫡子家継《いえつぐ》が就任することが決まり、家宣政権はほぼそのまま引き継がれることになった。幼君を戴くだけに、側近（白石・間部体制）の暴走と、周囲のさらなる反発が懸念されていたのである。

しかしここに、さらなる不幸が訪れる。正徳六年（一七一六）、幼君家継が八歳にして逝去したのである。次期将軍は、紀州藩主として実績をあげていた徳川吉宗が就任することになる。吉宗は、側近の小《お》笠原《がさわら》胤次《たねつぐ》・有馬《ありま》氏倫《うじのり》・加納《かのう》久通《ひさみち》など、紀州藩時代の家臣一〇〇名を引き連れて江戸城入りし、白石・間部ら旧政権のブレーンを退け、新体制に置き換えていく。年号も享保と改められた。

こうして運命は、思わぬかたちで鳩巣の前に開けてくる。ときに鳩巣、五十九歳。還暦を目前にして、人生二度目の再スタートを切ったのだ。

鳩巣の書簡資料

それではさっそく本題に、といきたいところだが、その前に、この本で主に使用するいくつかの資料について解説しておきたい。それらの資料の特殊性を知っていた方が、この本の趣旨をより十全に理解できると考えるからである。

この本で中心的に取り上げる資料の第一は、鳩巣の代表作である『駿台雑話』である。

本書は五巻、享保十七年（一七三二）序。晩年の鳩巣が、江戸・駿河台《するがだい》の自宅を訪れた客人や門人たちと問答するという体で、鳩巣の思想・文学・歴史にかんする所見が、儒者らしい達意・明解な和文で記される。

鳩巣自身、「老拙（私の）学問は、これにてすきと〔すっかり〕知れ申す物にて候」（『可観』二七、524）と述べているように、本書は鳩巣という人物の研究において、多くの手がかりを与えてくれる。しかし、鳩巣の最晩年に成ったということもあって、彼が歴史の表舞台で最も活躍していた享保元年（一七一六）〜十年（一七二五）ごろの情報については、手薄であると言わねばならない。また、第四・五章でみていくように、本書は当初刊行することを前提として書かれたから、当代の政治や学問にたいする批評は、どうしても婉曲的な表現になっている。

それらの欠を補うのが、以下に示す鳩巣の書簡資料だ。これらは享保の改革を考えるさいの一級史料であるのみならず、鳩巣のいわば「生《なま》の声」が収録されているという点で貴重なのである。

鳩巣は長年、加賀藩に仕えてきたという恩義もあり、奥村脩運・青地斉賢・青地礼幹・小寺遵路《こでらゆきみち》・大地昌言《おおちまさとき》などといった加賀藩士の門人たちへ、吉宗政権の内情、自分の職務内容、江戸における他の儒者たちの動向などを、つぶさに報告していた。

これらの門人のうち、とくに青地斉賢・礼幹の兄弟は、鳩巣と他の加賀藩士たちとをつなど窓口のような役割を果たしていたようである。彼らは、鳩巣が幕儒として招聘された正徳元年（一七一一）ごろから、自分たちや他の門人宛てに来た鳩巣の書簡、あるいは門人同志でやり取りした書簡などを整理し、その写しを取っておくことにした。内容の機密性と公益性が高く、後世のためにアーカイブしておく価値があると考えたのであろう。

このとき、彼らはひとつの方針を定めた。それは、

A　機密性が高く、匿秘すべきもの

B　機密性が低く、公表できるもの

という二種類に仕分けすることである（『兼山』八、721）。そうして、Aに類する書簡は主として斉賢のもとに、Bに類する書簡は主として礼幹のもとに集められ、それぞれ順次、増補されていった。その結果、前者が『兼山麗澤秘策』、後者が『可観小説』と称される資料として結実したのである。本章でもすでに何度か、『兼山』『可観』と略称して引用してきたものがそれに当たる。

『兼山麗澤秘策』は、八巻。正徳元年（一七一一）～享保十六年（一七三一）ごろの、鳩巣およびその門弟たちで交わされた書簡類を収める。もともと斉賢（号は兼山《けんざん》）が編纂していたが、享保十三年（一七二八）の斉賢没後は、礼幹（号は麗澤《れいたく》）がそれを引き継ぎ、享保十六年頃まで書き足した。よって、書名には「兼山」と「麗澤」という両者の号が入っている。なお後述のように、本書の伝本については今回、重要な報告がある。

『可観小説』は、四七巻。いったん正徳五年（一七一五）に完成し、前田綱紀にも呈上されたが、その後も礼幹が寛保三年（一七四三）ごろまで書き足した。内容は、鳩巣書簡以外にも、加賀藩関係の諸家の詩文・紀行・記録などを収録し、雑録的傾向が強い。鳩巣が最晩年、本丸《ほんまる》の表《おもて》儒者から西丸《にしのまる》の奥《おく》儒者に配置換えになり、「引退モード」に入っていた享保十年（一七二五）～十九年（一七三四）ごろの記事が、とくに充実している。

本書では主にこの二書を使用するが、このほか同類の資料として、『浚新秘策《しゅんしんひさく》』と『鳩《きゅう》巣小説《そうしょうせつ》』があるので、あわせて紹介しておこう。

『浚新秘策』は、一三巻。「浚新」とは礼幹の別号である。前述のように、礼幹は基本的に上記Aに該当するもの、すなわち機密性を有する書簡は、順次、兄の斉賢のもとに送致していたと思われるが、その控えの一部や未送致分、そして斉賢没後みずからの手元にたまった分などを集め、『兼山麗澤秘策』に類するものを作成した。それが本書である。

『鳩巣小説』は、三巻。『可観小説』の冒頭二巻が成立した正徳五年（一七一五）以降、この二巻に、他の鳩巣書簡類を増補して作成されたものである。分量が少ないこともあって、鳩巣書簡資料としては最も広範に流布した。本書の内容および成立については、宮崎修多の論文「鳩巣小説大要」と同「「鳩巣小説」の変化と諸本」にくわしい。編纂者は特定できていないが、宮崎は斉賢あるいはその周辺人物かと推定している。

以上が、本書で使用する鳩巣書簡資料の概要である。なお、これらの資料はいずれも写本として流布した。ゆえに書名や巻数は、諸本によって大小のバラつきがある。上記はいちおうの目安としてご覧いただきたい。

また、幸いなことに、これら四つの資料には、いずれも翻刻が備わっている。よって本書でこれらの資料に基づく記述をする場合は、基本的にこれらの翻刻本に依拠し、その巻数・ページ数を表示することで、追考を容易にした。その書式については、本書巻頭の凡例を参照されたい。

自筆本『兼山麗澤秘策』の存在

ただし一点だけ、注意しておきたいことがある。それは、『兼山』のテキストについてである。

上記四資料のうちでも、特に本書は、文学・思想研究だけではなく、歴史学研究においてもよく参照される。それだけ史料価値が高いということである。

ところで、これまで本書が参照されるさいには、ほぼ例外なく、瀧本誠一編『日本経済大典』第六巻所収の翻刻が使用されてきた。この翻刻は、瀧本の家蔵本を底本にしたということであるが、その本文には、まま意味が取りにくい箇所が散見する。底本そのものの誤写、翻刻のさいの誤読、出版のさいの誤植など、さまざまな理由が考えられよう。ところが『兼山』には、じつは斉賢自筆本が伝存しており、そのような不審箇所を一掃してく

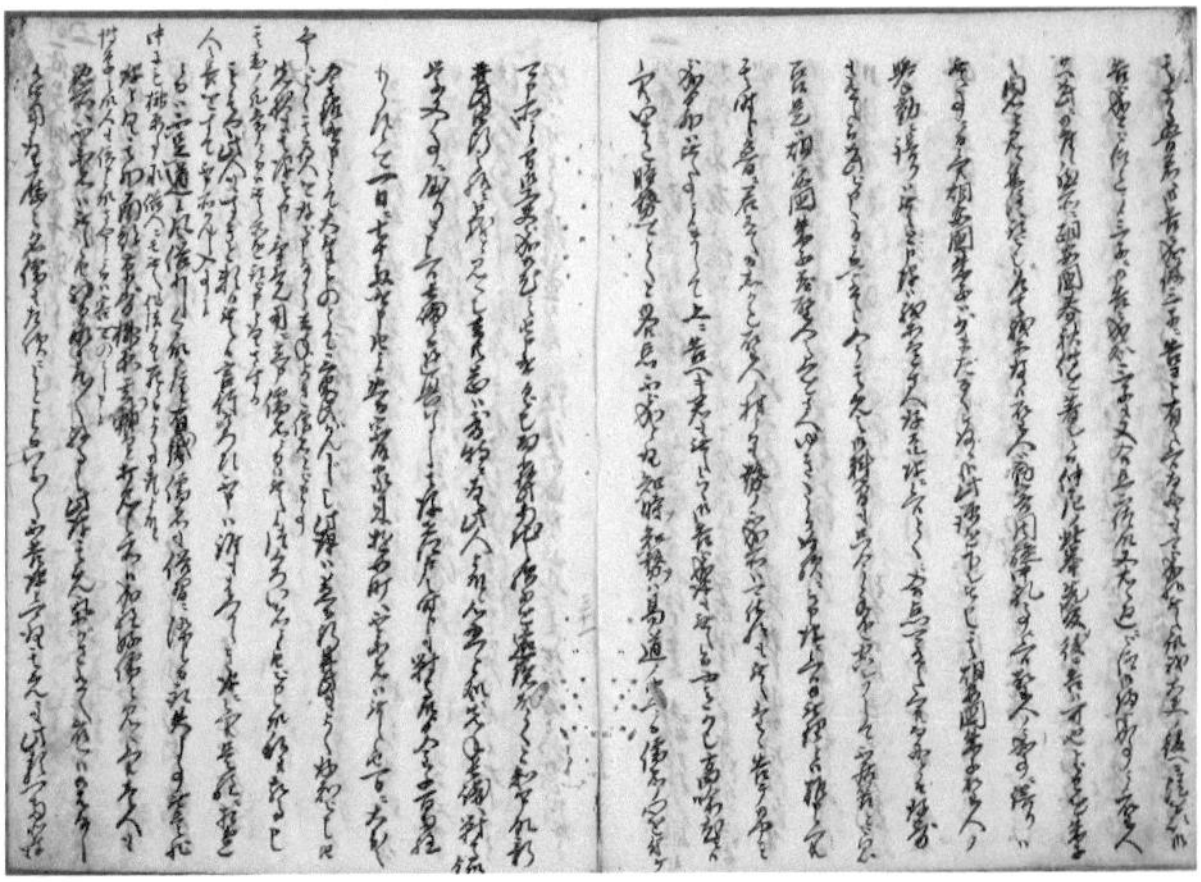

自筆本『兼山麗澤秘策』（早稲田大学図書館蔵）

れるのである。

早稲田大学図書館に所蔵される一本がそれである。本書は残念ながら、巻一～五（正徳元年〈一七一一〉～享保七年〈一七二二〉）まで、分量的には『日本経済大典』本の約七〇パーセントしか残存しない端本であるが、巻二・五の元表紙《もとびょうし》（改装前の表紙）に「斉賢」の朱印があることからも、間違いなく斉賢自筆本である。しかも、礼幹が貼紙をつけたり、朱筆で書き入れたりしていると思われる箇所もある。つまり斉賢自筆であると同時に、礼幹手沢本でもあるということである。

自筆本・手沢本であるから、当然ながら、不用意な例外を除いて、本文に誤写はない。本書ははやく『国書総目録』に、「自筆本」との注記入りで掲載されていたのであるが、なぜか不思議なことに、研究の世界ではこれまで、ほとんど使用された形跡がない。管見のかぎり、村井淳志『勘定奉行　荻原重秀の生涯』第九章に、諸本の一つとして部分的に紹介されているのを知るのみである。『日本経済大典』本と自筆本はどのように違うのか。試みに、先に取り上げた新井白石への諫書の本文について、いくつかの異同を示してみよう。

たとえば、『日本経済大典』本で「今吾兄の冤除を聞て、来て忠告する者」とある部分は、自筆本では「今吾兄の寵隆を聞て、来て忠告する者」とある。ここは、「いま、あなたが主君から寵愛されているのを聞いて、あなたのもとにやってきて忠告する者は」と解釈しないと意味が通じない。後者の「寵隆」ならばよいが、前者の「冤除」ではむしろ逆の意味になってしまう。

また、『日本経済大典』本で、「僕願くば吾、謙々の心を秉《とり》て天人の道にかなひ」とある部分は、自筆本では「僕願くば吾兄、謙々の心を秉て天人の道にかなひ」となっている。ここは、「私が願うのは、あなたが謙遜の心をもつことで天意と人心の道にかない」と解釈しないと意味が通じない。後者の「吾兄」ならばよいが、前者の「吾」では自分（鳩巣）が謙遜することになってしまう。

このように、自筆本を使用することで、より正確な本文を得ることができる。よって本書では、『兼山』を引用・参照する場合、基本的に自筆本に依拠する。ただし上述のように、自筆本は巻一～五までしか残存しないので、巻六～八を参照するときには、従来どおり『日本経済大典』本による。

それでは準備は整った。いよいよ、享保以後の鳩巣の活躍を見ていくことにしよう。

第一章　幕儒としての日々

1　高倉屋敷の公開講釈

正徳三年（一七一三）三月、鳩巣は駿河台に屋敷を賜り、大塚から移居した（『鳩巣先生年譜』）。それでこれ以降、彼は「駿台翁《すんだいおう》」とも呼ばれることになる。

鳩巣は普段どのような日常生活を送っていたのであろうか。ここではその重要な職務のひとつである「講釈」を中心に、多くの儒者衆のなかでの鳩巣の位置や、仕事の実際を見ることとしよう。

鳩巣が務めた講釈には、大きく分けて、武士・町人向けの公開講釈と、将軍・徳川吉宗向けの御前講釈（侍講）とがあった。まずは前者から見てみよう。

林家の聖堂講釈

林羅山《はやしらざん》に始まる林家は、代々幕府の筆頭儒者、文教顧問の職にあった。元禄三年（一六九〇）、ときの将軍・徳川綱吉《とくがわつなよし》は、もと上野忍《うえのしのぶがおか》岡で林家が私的に祭祀していた孔子廟《びょう》を湯島の地に移設し、公的に祭祀させた。湯島聖堂《ゆしませいどう》である（左図参照）。

このとき、林家当主であった第三代・林鳳岡《はやしほうこう》は、官位が法印《ほういん》から大学頭《だいがくのかみ》に改められるとともに、羅山以来の剃髪《ていはつ》（坊主頭）から、束髪《そくはつ》（髷《まげ》を結うこと）が許された。幕府には当

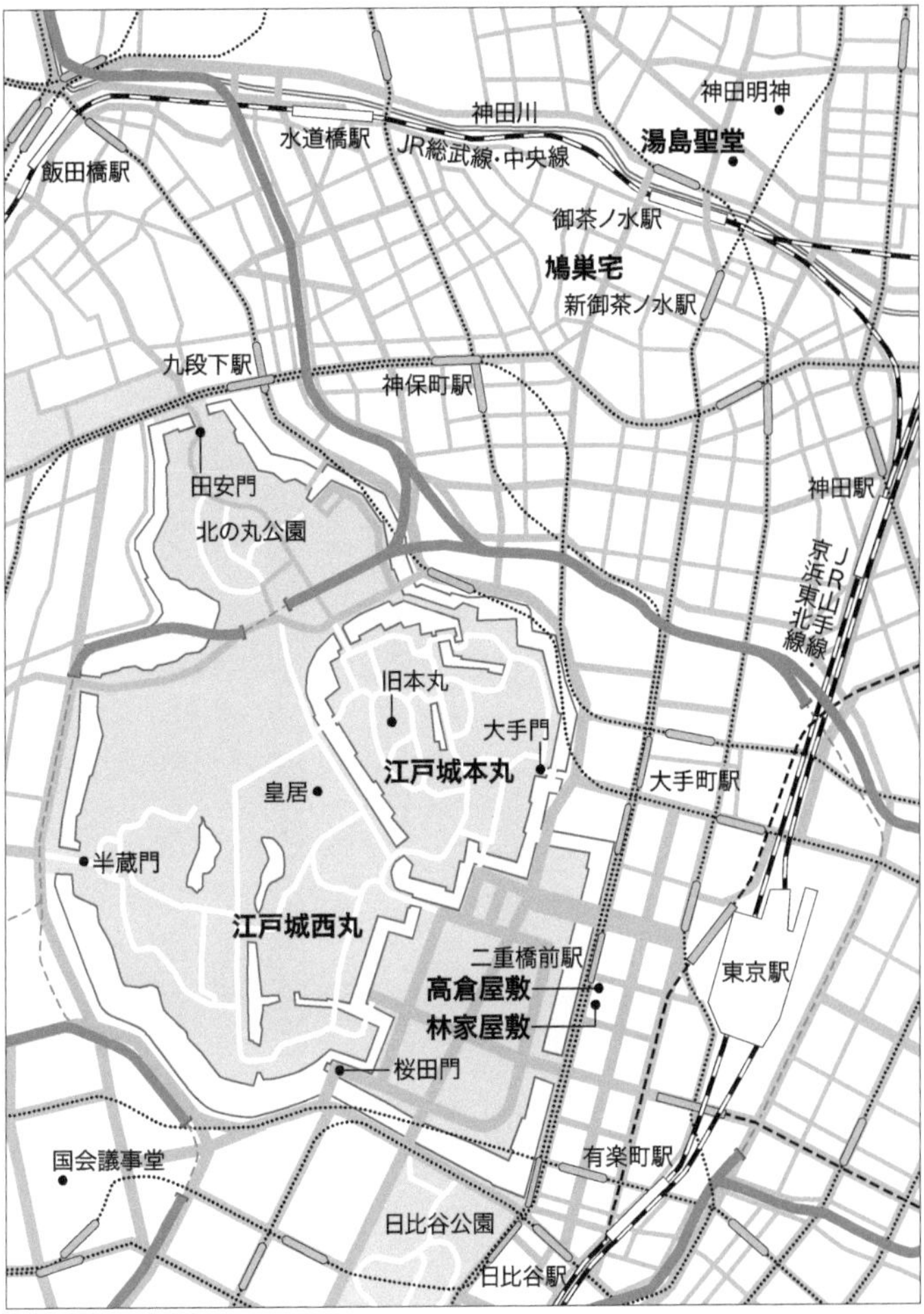
神田明神
神田川
水道橋駅
JR総武線・中央線
湯島聖堂
飯田橋駅
御茶ノ水駅
鳩巣宅
新御茶ノ水駅
九段下駅
神保町駅
田安門
神田駅
北の丸公園
JR山手線
京浜東北線
旧本丸
大手門
江戸城本丸
大手町駅
皇居
半蔵門
江戸城西丸
二重橋前駅
東京駅
高倉屋敷
林家屋敷
桜田門
国会議事堂
有楽町駅
日比谷公園
日比谷駅

江戸城周辺図

初、「儒者」という身分がなく、それまで僧侶の身分で幕府に出仕していたのであるが、鳳岡にいたって、儒者の身分が正式に認められたのである。これは林家のかねて念願するところであった。

湯島聖堂では祭祀とともに、儒書の講釈も行われた。元禄四年（一六九一）に刊行された画図によれば、仰高門《ぎょうこうもん》内の東舎において講釈をしている様子が記されている（左図参照）。徳川吉宗は、享保二年（一七一七）七月、学問を広く武士・町人に公開するため、ここで林家およびその門人に毎日講釈させるようにした。その実態についての貴重な証言が、荻生徂徠の『学寮了簡書《がくりょうりょうけんしょ》』（日本儒林叢書・第三巻所収）にある。

徂徠は言う。そもそも学校とは、中国でも日本でも、朝廷に出仕する官人を養成するための機関であったが、その後は儒者を養成することを目指すようになった。林家も初代・羅山、二代・鵞峰《がほう》のときまでは、この主意がきちんと認識されていたが、いまの三代・鳳岡のときには、儒者を養成することは二の次になってしまい、弟子でもなく書生でもない者たちに対して講釈を行っている。しかも鳳岡がみずから聖堂に出向くことはなく、もっぱら門人に任せっきりだ、と。

では、そこではどんな講釈が行われていたのか。徂徠はそれを、仏教の「談義」と「講釈」の違いをもって説明している。「談義」とは、基本的に一回切りのもので、庶民に仏教の教えを分かりやすく説くもの。それに対して「講釈」とは、基本的に連続して行われ

『聖《せい》堂《どう》之《の》画《が》図《ず》』（部分、国立国会図書館蔵）

るもので、仏教を専門的に学ぶ弟子に対して、その奥義を詳しく説くもの。現代でいえば、「談義」とは一般人向けの講演会、「講釈」とは大学での講義のようなものと考えればイメージしやすい。当時の林家の講釈は、このうちどちらであったのか。同じく『学寮了簡書』から見てみる。

昌平坂（湯島聖堂のこと）の講釈は、聴衆は定まった人ではなく、自由に訪れた人に聞かせるものであるから、おのずから「談義説法、町講釈」のようになってしまっている。人の耳に近いように話し、あるいはおどけ咄《ばなし》を交えたり、声真似をしたり、あるいは『太平記』の咄を加えたりして聴衆を増やそうと考える者も、必ず出てくるに違いない。（現代語訳）

近世中期の談義本（次章参照）のなかには、街なかで行われていた、こうした娯楽的・演芸的な講釈の様子を活写するものがあるが、徂徠は林家の聖堂講釈も、いずれはこの調子になってしまうだろうと予言しているのである。

吉宗の叱責

一般人にも門戸を「開いて」いるというのは、基本的にはよいことだ。だがじっさいには、林家の講釈には、聴衆があまり来なかった。そのことは、享保三年（一七一八）九月の鳩巣書簡によってうかがえる（『兼山』四、16A、440）。

講釈は毎日二座ずつ行われ、テキストは四書、および『近思録』『孝経《こうきょう》』『小学』で、丁（偶数）の日は直参《じきさん》（幕府直属の武士）、半（奇数）の日は陪臣《ばいしん》（旗本の家臣など、直接幕府に仕えない武士）・町人が聴講できるようにした。しかし、先日行われた初日の講釈は直参が七名のみで、その後も聴衆はわずかであった。これを吉宗が聞き、紀州で儒者衆に行わせた講釈ですら大勢の聴衆が来たのに、江戸でこのように振るわないのは、大学頭（鳳岡）が努力を怠っているからだ、と叱責した。

そこで鳳岡からは、講師を増やすとともに、お上《かみ》からもこの公開講釈のことを周知してもらうように要請した。ところが、鳩巣が知り合いの直参の者に聞くと、講釈に行くと名前を記録される。数回で出なくなるのも体裁が悪いし、かといって毎回出続けるだけの心がけもない、そこで出なくなってしまうのだ、という。

さて鳳岡は老中へ、お上から厳重に出席を仰せ付けてほしいと再度訴えるが、老中側からは、必ず出席せよと強制することはできない、「今少し見合せ候へ〔様子見をせよ〕」。次第に出申す〔やがて出席する〕者も多くこれあるべし」とのことであった。鳳岡はイライラした様子で、「この程、深川の地蔵へさへ大分群集いたし候所、講談に参り候ものこれなきは、沙汰の限り」〔この前、深川の地蔵でさえ大勢人が集まったというのに、講談に来る者がいないのはけしからぬことだ〕と腹を立てたらしく、周囲の者はひそかにこれを笑っていたと、鳩巣は伝える。「深川の地蔵」とは、享保三年（一七一八）七月十五日、深川本誓寺の卵塔のなかから地蔵の石像が発見され、これが話題となり、江戸近郊から参拝客が絶えなかったことを指す（『江戸《えど》惣鹿子《そうがのこ》名所大全《めいしょたいぜん》』巻四上）。

さらに鳩巣が別のある人から聞いたところによれば、幕府は林家一門だけではなく、それ以外の儒者衆にも交代で講釈を勤めさせるつもりであった。しかし鳳岡は、林家が講釈を独占するように上申したらしい。ある人が、林家だけではなく、さまざまな儒者に講釈をさせれば、もっと聴衆は増えるだろうに、と言ったが、鳩巣は次のように答えている。

講談というものは、堺町の珍しい役者が勤めたとしても、大勢の見物客が集まるようなものではない。そのようにしても、せいぜい四、五日のことで、それ以上続くことはないだろう。この他にも、学問が流行るようにする方法はあるはずだ。私どもへ出

享保３年（1718）刊『武鑑《ぶかん》』（国立国会図書館蔵）「御儒者衆」：中段左から２人目に「室新助」の名が見える。

講せよとの仰せがあれば出るが、なかなか「辻の談義」のようなものの中へ混じって、うまくやれるとは思えない。かえって出ないほうが幸せだ。（現代語訳）

林家の講釈を「辻の談義」（寺院ではなく、街頭で行う説法）に喩えているのは、徂徠とも通じている。

これらからも分かるように、鳩巣自身は、公開講釈という方法には消極的であった。

木門の高倉屋敷講釈

ところが吉宗は、林家の聖堂講釈とは別に、主として木門の儒者たちにも公開講釈をさせた。場所は八代洲河岸《やよすがし》にあった高倉屋敷。ここは近世初期、宮中の装束を担当する公家の高倉家が、一時期拝領していた屋敷なのでこの称がある（『江戸《えど》砂子《すなご》』巻一）。次頁の地図で見ればわかるように、林家の屋敷の真横だ。念のために言えば、聖堂は湯島にあるからここからは離れている（四一頁参照）。しかし林家の屋敷には私塾もあり、門人の出入

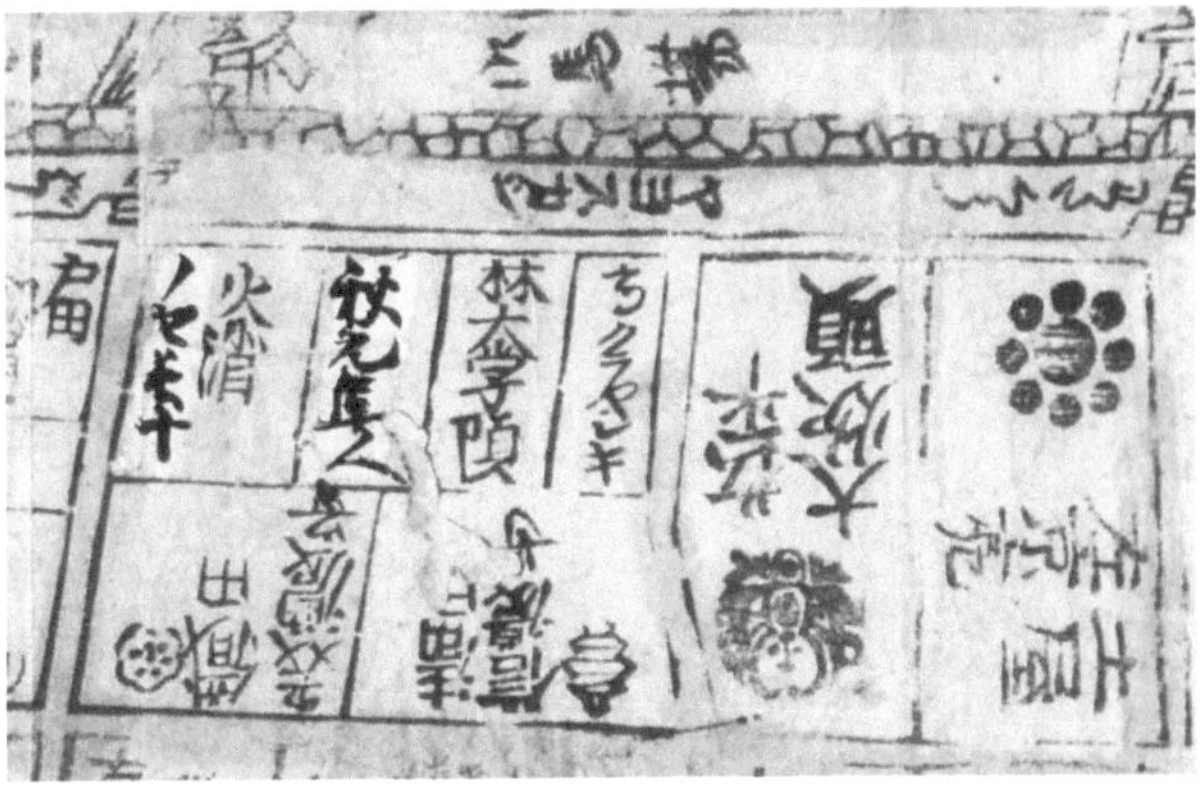

上／享保6年（1721）刊『〔分道《ぶんどう》江戸《えど》大絵図《おおえず》〕』（国立国会図書館蔵）。
中ほどに「高クラヤシキ」、その左隣に「林大学頭」が見える。
下／現在の旧八代洲河岸。左岸に高倉屋敷・林家屋敷などがあった。

りはある。林家にとっても、なかなか心中穏やかではなかったであろう。

享保四年（一七一九）九月十九日、若年寄の石川総茂《いしかわふさしげ》をつうじて、木門系幕儒の最古参・木下菊潭《きのしたきくたん》（順庵の子）に、この高倉屋敷講釈の仰せが下った（『鳩巣先生年譜』）。そこで菊潭は鳩巣らと相談し、メンバーは彼ら二人のほか、同じく幕儒の服部寛斎《はっとりかんさい》、江戸に滞在していた加賀藩儒の児島常耕斎《こじまじょうこうさい》、和歌山藩儒の岡田竹圃《おかだちくほ》の五名で行うことにした（『兼山』四、42A、467）。いずれも木門である。また講釈の内容は、菊潭が『大学』『中庸』、鳩巣が『論語』、寛斎が『孟子《もうし》』、常耕斎が『小学』、竹圃が『近思録』ということに内定した。

林家の聖堂講釈は、直参の日と、陪臣《ばいしん》・町人の日の二つに分けて行っていたが、聴衆が少ないので、こちらは同日に、ただし席を分けて行うようにした。林家の聖堂講釈に加われと言われれば従うほかなかったが、そうではなく、このように木門を別格に扱ってくれたことを、鳩巣は「一段の義」〔すばらしいこと〕と素直に喜んでいる。ただし、これで学問の気風が生まれるとよいが、「中々さやうにはあるまじくと存じ候」〔なかなか簡単にはいくまい〕と楽観はしていない。

ともあれ、右のような実施案を提出した鳩巣らであったが、実際には十一月二日から、幕儒の菊潭・鳩巣・寛斎の三人のみで行うことになった。講釈は、一・十五・二十八の各日と節句を除く毎日、四つ時（一〇時ごろ）から八つ時（一四時ごろ）まで行われた（『可観』一〇、199)。講師の陣容は、のちに新井白石門の幕儒である土肥《どひ》霞洲《かしゅう》が加わったり、寛斎の逝去により、木門以外から荻生北渓《おぎゅうほっけい》(徂徠の弟、第四章参照)に交代したり(『浚新』四、98)と、多少の変動はあったが、鳩巣は少なくとも、西丸奥儒者に転属する前の享保十年(一七二五)六月まで勤めた(『鳩巣先生年譜』)。

では、高倉屋敷とはどのような場所であったのか。享保六年(一七二一)四月十六日に、鳩巣の講釈を聴聞した弟子の中根《なかね》東里《とうり》は、その外観を次のように報告している(『浚新』四、90)。

高倉書院は晴れがましい場所にある。龍口《たつのくち》台の土屋《つちや》相模守《さがみのかみ》殿屋敷の先で、三方は大名屋敷、一方が江戸城の堀である。(中略)敷地はたいへん広いが、ことのほか荒れており、草木が生い茂っている。（現代語訳）

屋敷の中はどうか。講釈の下命を受けたあと、鳩巣はこの場所を下見し、「殊《こと》の外《ほか》せばく御座候」(とても狭い)という感想をもらしている(『兼山』四、42A、467)。上段の間(主君が家臣に対面するための間)を除いて、玄関をふくめて三部屋あり、二〇畳ほどであった。参加者がどれくらいかで変わってくるが、五〇人以上も入ると見込めば、たしかに手狭に感じられたかもしれない。

こうした事情もあずかってか、幕府は直轄の「学校」を建設することを検討していた。そこで菊潭に、中国の制度その他を調査せよとの諮問があり、鳩巣ほか高倉講釈の講師陣四名で相談の結果、小石川か牛込あたり、とかく高燥の地がよいと答申をした（『兼山』五、19B、513）。その後、学校の建設は見送られることになり、その代わりに講釈の会場を浜御殿《はまごてん》へ移すという別案が出された（『兼山』五、29B、522）。結局、これも立ち消えになったが、高齢で足の悪い鳩巣にとって、高倉屋敷よりもさらに遠い浜御殿への通勤は難儀であったから（『浚新』四、93）、これは幸いのことであった。

そもそも鳩巣は、学校建設には反対の立場であったようだ。享保七年（一七二二）六月、江戸に出府していた青地礼幹との談話のなかで、鳩巣は吉宗に、次のように上申したことを漏らしている（『兼山』五、102A、592）。近年、幕府の財政は逼迫《ひっぱく》しており、旗本に俸給を満足に支給できていない。このような状況下で、旗本が学問をしようという気になるはずがない。まずはその衣食を満たすことが先決である、と。

ここにはさらに、鳩巣の余談のようなものが書き留められている。

この学校の儀は、定めて林大学頭か木下平三郎より申し上げたる物にてこれあるべく候。今時迂闊《うかつ》の至極、出家の吾が宗旨を崇敬し、脇ひら見ずに寺院建立の心と同断。

〔この学校建立の案は、きっと林鳳岡か木下菊潭が上申したものであろう。まったく実情からずれたこと。坊主がおのれの宗旨を崇敬して、ひたすらに寺院建立を願うのと同じこと」

こう言って、鳩巣は笑ったというのだ。現代でいう「箱モノ行政」を批判したのである。

伸びない受講者数

鳩巣の言うような、幕臣の生活状況の不安定さがその理由であったかどうかはさておき、高倉屋敷の講釈も、林家の聖堂講釈と同様、思ったほど聴衆が集まらなかった。享保六年（一七二一）二月十三日付書簡のなかで、鳩巣は、吉宗の命を受けた幕府役人と木門儒者衆とのあいだで、次のようなやり取りがあったと報告している（『兼山』五、9B、503）。

あるとき、木下菊潭が若年寄の石川総茂から呼ばれて、高倉屋敷講釈の受講者を増やす手立てを考えるようにと申し渡された。そこで鳩巣ほか三名が菊潭宅に集まり、この件について相談することになった。

鳩巣が言うには、講釈の内容については自分たちで改善もできるが、聴衆を増やすことについては、自分たちの手ではどうにもならない。いまは自由（「勝手次第」）に出席できる形式であるが、お上の側からもう少し強く出席を促す（「急度仰せ出られ候」）ならば、少しは増えるだろう。最初は嫌々ながら参加した者のうちからも、そのうち学問を本当に志す者が出てくるかもしれない、と。他の三人も同意したので、この旨を詳しく書面に書きつけて石川へ上呈した。

ところが、吉宗はこれとは別に、ひそかに小納戸衆《こなんどしゅう》で、菊潭ともかねて面識のあった浦《うら》上弥《がみや》五左衛門《ござえもん》を菊潭宅へ遣わしたらしい。若年寄の石川には直接言いにくいところもあるだろうから、もっと腹を割った話を聞きたいというのである。このあたり、吉宗のやり方は独特である。老中を通さず、町奉行・勘定奉行などを直接に呼びつけて下知したり（『兼山』四、6B、430）、役人を一人ずつ、あるいは二、三人ずつ呼び出して面接したりすることがあった（『兼山』四、13A、437）。下情を細やかに汲むことに努めていたのだろう。

さて、菊潭はまず石川に上呈したとおり、お上から少し厳しく出席を促してもらうという方策を述べた（『兼山』五、10A、503）。しかし浦上はきっぱりと、その方法は吉宗の意に沿わないだろうと言った。林鳳岡からも聖堂講釈について、たびたびそのような願いが出ているが、吉宗は納得しない。その仔細《しさい》は、吉宗には次のような考えと、経験があるからだ、と。

学問と申すものは、権威をもって人にやらせても何の益もない。それぞれが学問を尊信して自然に赴かないでは、形ばかりで終わってしまう。すでに常憲院様（綱吉）の御代に「無理」に学問を仰せつけられて、「殊の外難儀致した」〔とても困った〕ことを、いまに懲りていらっしゃるのだ。

（現代語訳）

徳川綱吉の時代の「無理」な学問振興とは、主として綱吉みずからが行った儒書講釈のことであろう。近世後期に書物奉行を務めた近藤正斎《こんどうせいさい》の『好書故事《こうしょこじ》』巻二によれば、綱吉は元禄三年（一六九〇）八月ごろを皮切りに、逝去直前の宝永五年（一七〇八）十二月まで、途切れなく講釈を行っている。とくに元禄六年（一六九三）四月から始めた『易経』講釈は、月八回、八年間にわたって継続され、「近習の諸臣は言ふに及ばず、諸大名・高家《こうけ》・諸番頭《ばんがしら》・諸物頭《ものがしら》・諸役人より天下の寺院・社人等に至るまで、願ひの者（聴講希望者）は皆拝聴に預《あずか》る」（『近藤正斎全集』第三巻、二七頁）というものであった。たとえば元禄八年（一六九五）三月一日に行われた『易経』講釈には、なんと四一四名が参加したといい、その氏名も記録されている。そこには何らかの圧力があったとしか思えない。

これを受けての、先の吉宗の姿勢である。ここには、学問を「奨励」はしても「強制」はしないという、吉宗の教育観が表れていると言えるだろう。それは次章に述べる『六諭衍義大意』の普及方法などにもかかわってくる。

浦上は、それ以外に何か考えはないかと尋ねた（『兼山』五、11A、505）。そこで菊潭は、講堂を新たに建設し、講師を増員すること、幕府御文庫（幕府の図書館）の書籍を自由に借用できるようにすること（林家は自由であった）を要望した。さらに、儒者の身分家禄にも言及し、とかく教える者が「軽く」（軽微な身分で）あっては人々の信望を得られない、もう少し待遇をよくして、生活に難儀しないようしてほしい、とも嘆願した。菊潭はこれを機に、木門の地位を林家並に高めることをもくろんだのであろう。彼はこれらのことを、浦上が帰ったあと、ふたたび鳩巣らを呼んで報告した。

この最後の要求のところを、鳩巣は、なんとも余計なことを言ったものだ（「さてさて入らざることと存じ候」）と、快く思わなかった。鳩巣が考えるには、講堂を建設して講師を増員しても、林家の姿を見れば分かるように、聴衆の増加にはつながらない。

また、学問を「一旦の権力（一時的な権力）にて無理に仰せ付けられ候こと」にご同心なされないというのは、恐れながら至極もっともなことだが、ただいまの世の風俗では、自然に学問の道へと赴く者はなかなかいないだろう。まずは「御威勢」にて学問を仰せ付けられることが必要だという、最初に石川に上呈した木門の共通見解を、繰り返し述べている。

鳩巣は次のように言い添える。親が子どもに学問を教えるときも同じだ。嫌がるのを最初は叱りなどして無理にさせていると、後にはみずから心得て学問をするようになる。子どもの気持ち次第にまかせていては、学問を好きになることはない。「とかく教えと申すものは、厳励にこれなく候ては行じがたく存じ奉り候」。現代の教育は、どちらかといえば子どもの自由にまかせるところが大きいが、鳩巣の考えでは、初等教育においては厳しく教え導くことが大事だという。万人が聖人になる可能性を秘めているというのが朱子学の人間観であってみれば、最初の「しつけ」は、子どもの可能性を引き出してやることでもある。そのように鳩巣は考えていたのである。

直参の無関心

それに関連して、鳩巣の講釈を受講している幕府医師の橘隆庵《たちばなりゆうあん》は、鳩巣に次のような意見を述べた（『兼山』五、12B、506）。ともかくも近習衆《きんじゆしゆう》（吉宗側近）が学問に励むようにならないと、外部へ影響することは見込めない。今後、吉宗が四人の儒者を一人ずつ御座《ござの》間《ま》に召し出して講釈させ、それを近習衆も聴けるようにするならば、自然とその風儀が表向きへも波及して、学問を好む者が出てくるだろう、と。

鳩巣は、「隆庵、存じの外〔思いのほか〕学文を好み申す人にて候。これ程の人も、当地にて得難く候〔江戸には求めがたい〕」と褒めている。まずは世の中の最上位にいる君主や、その側近が学問に励むことで、その気風が武士全体に影響を与え、さらにはそれが町・農民といった下層へもひろがっていく。朱子学における徳化の構造を、そのまま理想としているのである。

さて、その後も受講者数は伸び悩む。享保六年（一七二一）七月九日付の書簡で鳩巣は、聴衆は全部で七、八〇人いるが、そのうち直参は二、三名しかいないと報告している

(『浚新』四、94)。また享保七年(一七二二)四月四日付の書簡によれば、菊潭の『詩経』は二〇人、北渓の『礼記』は七~一〇名、霞洲の『書経』と鳩巣の『易経』は、それぞれ四〇~五〇人であったという(『兼山』五、68A、557)。

なお余談であるが、享保六年(一七二一)五月下旬、幕府は大坂の医者・古林見宜《ふるばやしけんぎ》(初世見宜の孫)を招き、同じ高倉屋敷を使って講釈を行わせた(『兼山』五、29B、522)。じつは当初、林良意《はやしりようい》という紀州ゆかりの医者の家で行わせていたのであるが、聴衆が三百人ほども来て入りきらず、会場をこちらに移して行わせることになったのだ。四つから九つまで(一〇~一二時頃)は鳩巣ら、八つ(一四時頃)からは見宜が交代で担当した。医書講釈は人の生命に直接かかわるものだから、実用的で世間の関心も高い。儒学との人気の差を見せつけられた一幕であった。

さらに享保九年(一七二四)閏四月二十四日付の鳩巣書簡によれば、このとき鳩巣は『中庸』を講釈しており、聴衆は七、八〇人もいたというが、やはり直参はそのうち二、三人しかおらず、しかも鳩巣の私宅でも受講している者だけであった(『浚新』六、192)。思わず鳩巣は、「風教の為、何の益もこれなき事と存奉候」(風俗教化のためには、何の役にも立っていない)と嘆いている。徳川幕府の根幹である直参が、率先して学問に励む姿を見せなければ、国の風俗は改まらないという思いが強いのである。ただ、「世上学風の為には、少しは益もこれあるべく候」、世間の学風を正すためには、少しは役立ってもいようかと、みずから慰めるほかなかった。

2　吉宗への御前講釈

初めての御前講釈

公開講釈に続いて、今度は吉宗への御前講釈について見てみよう。

鳩巣がはじめて吉宗に御前講釈を行ったのは、享保六年（一七二一）一月十四日のことであった。鳩巣はそのときの様子を、加賀の門人たち九名に宛てて詳しく報告している（『兼山』五、3B、497）。

この記事は、御前講釈というものがどのような手順で、どのように行われていたのかを知るための貴重な資料であるので、以下にくわしく紹介してみよう。

一月十三日の暮方、石川総茂殿から書面で連絡があり、明日四つ時（一〇時頃）に登城するようにとのこと。こんな時刻に連絡があるときは、差し出した御方の邸宅まで参上してお返事することになっているので、夜中に石川殿宅まで参上したところ、先ほどは四つ時と言ったが、それ以前には登城しておくこと、衣服は服紗《ふくさ》小袖に麻裃《あさがみしも》とすること、万一必要なことがあるかもしれないので、熨斗目《のしめ》（麻裃の下に着るもの）は鋏箱《はさみばこ》に入れて持たせるように、とのことであった。

翌十四日は五つ時（八時頃）に登城。菊潭・寛斎・霞洲らも追々やってきた。四人そろったところで石川殿へ報告、躑躅間《つつじのま》で待機するように言われた（左図参照）。しかしなかなか呼び出しのお声がかからず、そのまま八つ時（一四時頃）まで待たされた（六時間！）。その日は寒気が強く、私（鳩巣）のような老身にはつらかった。石川殿が気遣ってくださり、御台所へ通され、料理と酒を少しいただいたことで、少し寒気を凌《しの》げた。

追って奥へ参るようにとの仰せがあり、時《と》計間《けいのま》までは目付《めつけ》の渡辺外記《げき》が同道、その先は目付衆も入れないところで、石川殿が出てきて先導した。いくつもの部屋を通りすぎ、御《ご》座間《ざのま》でしばらく待機し、脇差を外したりしているうちに、石川殿から、四書のうちどれでもよいから、一、二章を講じるように命じられた。すぐに理解できるよう短く講じるよう注意があり、とくに私（鳩巣）は不慣れとお思いだったのだろう、「必ず長く申すまじく候」、要点さえ伝わればよいので、そのつもりでと念を押された。

そうして何を講じるか、すぐに申し上げるようにと急かされるので、とりあえず『論語』学而篇の首章前一段を菊潭、「朋《とも》、遠方より来る」と「人知らず」云々の二段を私、「有子《ゆうし》曰《いわ》く、信、義に近ければ」の章を寛斎、「君子は食、飽くことを求むるなく」の章を霞洲と決め、そのように申し上げた。

すると石川殿から、御前講釈の前に御座間にて上様がお目通りになられるので、そのつもりでいよとのこと。御座間の杉戸のうちに石川殿が着座し、外に御側衆三人（戸田・有馬・加納）が、脇の間に小姓《こしょう》衆・小《こ》納戸《なんど》衆が伺候する。上様が上段の際《きわ》にお出ましになり、石川殿の呼び出しに応じて、ひとりずつお目見えをして着座する。上様との距離は二間《けん》（四メートル弱）ほど。四人が両手をついて平伏しているとき、石川殿がお目見えの御礼を申し上げ、上様から御唯諾のお返事があった。

さて、上様から大声で、高倉屋敷講釈の受講者数についてご下問があった。石川殿が、絶えず聴衆はあると聞いておりますと答えたが、上様は押し返し菊潭へ、「いかほど聴衆これあり候や」と尋ねられた。石川殿から直接申し上げるよう言われ、菊潭は五、六〇人ほどでございますと答えた。上様は、「その方《ほう》ども講じ様にて、又聴手も多くこれあるべき」「そなたたちの講じ方

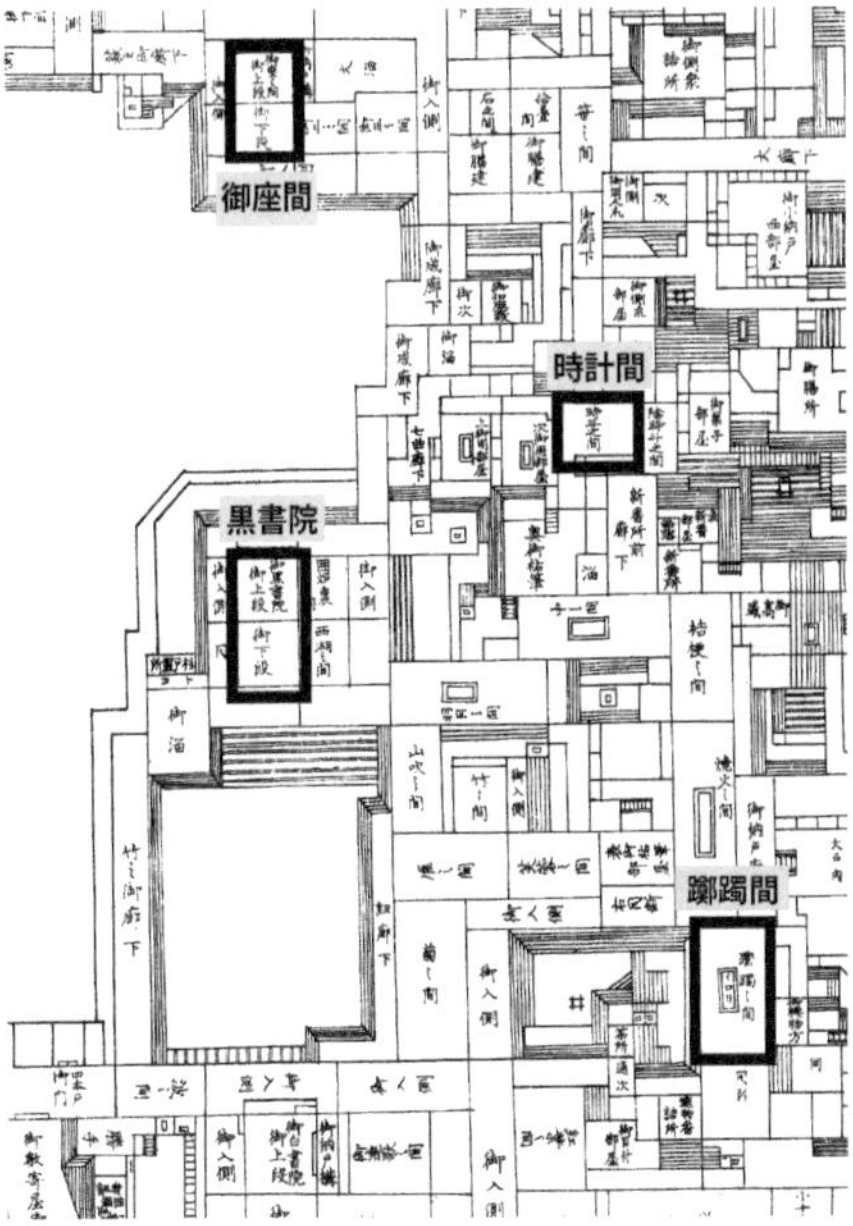

『徳川幕府事典』（東京堂出版）所載「御本丸大奥絵図」を基に作図

次第で、また聴衆も増えるだろう」とお思いで、「随分精出し候て講じ候様に」（しっかりがんばって講じるように）と仰せられたので、四人ともに畏まって平伏した。その後、四人はいったん次の間の縁側まで退出した。すると先に着座したところに見台が置かれ、『論語』が載せられて、菊潭からひとりずつ呼び出され、講釈を行った。

こうして四人の講釈すべてが終わったあと、石川殿から御側衆三人へも引き合わせがあり、このたびの御礼を申し述べた。ともかく四人とも、ただ滞りなく終えることだけを第一と考えていたので、何かを講じたという実感がない。特に私は初めてのこと、しかも急な仰せであったので、間に合わせでやったようなものだ。

菊潭は綱吉公の時代に毎度御座間で講釈をしていたし、寛斎と霞洲は家宣公の時代に毎月講釈をしていたので、様子をだいたい知っていただろうが、私はまったく分からなかったので、さぞかし不調法であったろう。とはいえ、おおかた無事に済んで安心した次第である。ただ、もう少しゆっくりと時間をかけて講じることができればよかったが、石川殿をはじめ側近は無学であるので、ただ早く済んで上様にも退屈なきようにとの心遣いばかりであった。

以上が鳩巣のレポートの概要である。初めての御前講釈に臨んだ鳩巣の緊張感と、とりあえず無事にことを終えたあとの高揚感がよく伝わってくる。

鳩巣はこの翌日、本郷の加賀藩上屋敷に参上し、この模様を旧主・前田綱紀へ報告しようとした。すると藩の要人・藤田《ふじた》内蔵允《くらのじょう》（安勝《やすかつ》）から、その仔細を紙面にて書き上げ進上したらどうかと助言されたので、その通りにしたところ、その日の晩さっそく綱紀から、たいへんお悦びである旨の手紙をいただいた。鳩巣は、このように学問を続けることができ、御前講釈のような名誉に与れたのは、綱紀に取り立てられたおかげであるのに、こうして手紙までいただくとはありがたいことと、綱紀への感謝の言葉を縷々《るる》連ねている。

吉宗の下問

先に述べたように、このときの講釈は、とにかく手短かに終わるようにと注意されていた。後日鳩巣は、これを俗にいう「祝儀一通り」（形式だけ）で、内容のないものだったと言っている（『兼山』五、13A、507）。

ただし、これは今に始まったことではない。ここ江戸の学問は、御先代のころから、講釈は能・囃子《はやし》のようなものと心得て、さらりと聞き心地の良いことだけを述べ、理屈が通らなくても丁寧に説くということはない。また俗人も講釈とはそういうものと思っているから、くわしく説こうものならばかえって謗《そし》られる始末。私の講釈などは「田舎講釈」といって笑われるのだ、と言っている。後述する『駿台雑話』は、鳩巣がこの「田舎講釈」を、思うぞんぶん紙上で行ったものだったと言ってもよいだろう。

このように鳩巣は、初めての御前講釈の内容にはまったく納得できていなかったが、河野昌庵《かわのしょうあん》という御側医者の言として、ある人が伝えてくれたところによれば、鳩巣の講釈を吉宗は高く評価していたという（『兼山』五、13B、507）。これ以降、鳩巣はしばしば吉宗の御前に召され、下問に与るようになる。

時期的には、後述する『六諭衍義大意』の執筆に携わっていたところ、鳩巣は吉宗に呼ばれて、『書経』の講釈をすることになった。今度は鳩巣だけが召されたのである。その時の様子を、鳩巣は以下のように報告している（『兼山』五、61B、553）。この記事も資料的に面白いので、ややくわしく紹介しておこう。

享保七年（一七二二）三月八日、御側御用取次《おそばごようとりつぎ》の有馬氏倫殿から早々に登城するよう連絡があった。普段は黒書院《くろしょいん》・竹の廊下で、有馬殿が上様のご意向を伝えるので、この日もそこで待機していた。やがて有馬殿が現れ、「御先祖様え《へ》御勤めの儀」〔徳川家の先祖供養のこと〕について質問されたあと、まだご用があるということで、そのまま待機しておくように言われた。

その後、御近習衆の大島雲平《おおしまうんぺい》という人がやってきて、上様はこれから『書経』の講釈をお聴き遊ばされたいとのことだが、いずれの部分を講釈するか決めて申し上げよとのことである。いわゆる二典三謨《ぼ》（堯典《ぎょうてん》・舜典《しゅんてん》・大禹謨《だいうぼ》・皐陶謨《こうようぼ》・益稷《えきしょく》の五篇）はどれも大事だが、とりわけ「人心は惟れ危なり、道心は惟《こ》れ微なり」（大禹謨）という一段は特に肝要の段なので、これを講じることにした。追って呼び出しがあり、黒書院から直に御座間へ通された。

「御直《じか》に近く寄り候様に」（お側近くに寄るように）と何度も仰せがあり、向かいの敷居までにじり寄ったが、重ねて「しきゐ（敷居）の内へ入り候様に」にと仰せがあったので、敷居の半ばにかかるところまでにじり寄り、平伏した。

そのまま、『六諭衍義』の和訳（次章参照）の進捗具合、高倉屋敷講釈のこと、前田綱紀の国政のこと（法律制定にどれくらい関与しているのか、人材登用はどのような方法を採っているかなど）、果ては私（鳩巣）の加賀藩勤続年数、加賀はどれくらい雪が降るのかなど、さまざまな下問があり、いちいちお答えした。その後、講釈のはこびとなり、小姓衆に見台を据えるよう申し付けられた。

すると上様は、私の見台を敷居の内に置き直すようにと指示された。私は先の敷居のところに平伏して躊躇《ちゅうちょ》していたが、再三御座間の内へ入れとの仰せである。見台の際へ寄らないと講釈もなりがたく、やむをえず足を半分御座間の敷居にかけた状態で、見台の近くに寄り、両手をついて講釈をした。

上様は、自分は不勉強なので、語句などの意味についてくわしく聞いても理解できない、それは述べなくてもよいから、「ただ道理を第一に」講じるようにと、笑いながらおっしやった。

講釈が終わってそのままにじり下がって退出しようとしたところ、上様は、講釈はよく理解できた、このような講釈であるならば、自分の耳にもよく入る、「重ねても今日の通りに意得《こころえ》候様に」（また今日のような形で講釈をする心づもりでいよ）とのことであった。そのまま立ち止まり、お礼申し上げて退出したことであった。

ちなみにこの講釈は、御側衆・小姓衆・小納戸衆などが残らず次の間で聴いていた。いずれも、同席するようにとのお達しがあったのだ。八つ時半（一五時ごろ）だったので、老中などは退出していた。それにしても晴れがましいことで、終わってみれば、汗だくになっていた。


以上がこの日の講釈の様子である。敷居に片足をかけた状態で、つまり、あくまでも部屋を跨がないという心得で、両手をつき講釈をするというのは、それくらい身分の差というものが強く意識されていたことを意味する。少し時代が後になってしまうが、国学者の本居宣長が、紀州和歌山藩主・徳川治宝《とくがわはるとみ》のために行った講釈の様子を書き留めた資料がある（『慶賀《けいが》の詠草《えいそう》 和《わ》歌山城内講筵《かやまじょうないこうえん》の図《ず》』、本居宣長記念館蔵）。これを見ると、治宝のいる部屋と講釈をしている宣長は、一八畳敷の広間で隔てられている。かなり大きな声を出さないといけなかっただろう。

先の講釈から九日後の三月十七日、鳩巣はふたたび御前講釈に召し出される（『兼山』五、68B、558）。このときの様子を伝えた書簡によれば、この日は四つ時過ぎから登城していたが、八つ半時にようやくお召しがあった。いつも八つ時まで在城するときは、御台所で食事が用意されるのであるが、この日は待っているうちに、食べる機会を逸してしまった。そのため心身困憊《こんぱい》しており、声も出にくい状態であったが、聖賢の道を学んでいるお陰で、自分は根に強いところがある。気合を入れなおして講じた、とある。

『貞観政要』と吉宗

このあと鳩巣は吉宗に対して、九月～十二月にかけて、『貞観政要《じょうがんせいよう》』の御前講釈を定期的に行っている。

『貞観政要』とは、中国の唐代に呉兢《ごきょう》が編纂したとされる、二代皇帝・太宗《たいそう》の言行録である。全一〇巻のうちに、君子が心得るべき四〇の項目が記される。いわば帝王学の書である。日本にも早くから伝来し、平安時代の一条天皇をはじめ、しばしば時の天皇が儒臣に進講させた。また武家においても、鎌倉期の北条氏、室町期の足利氏などに、本書を献上したり、進講させたりした例がある（原田種成『貞観政要の研究』）。しかし、なにより重要なのが、徳川家康と本書との関りである。

家康は文禄二年（一五九三）、朱子学者の藤原惺窩《ふじわらせいか》を召して本書を講じさせるとともに、慶長五年（一六〇〇）には、足利学校《あしかがかっこう》の庠主《しょうしゅ》であった三要元佶《さんようげんきつ》に、本書を木活字で刊行させている。いわゆる伏見版『貞観政要』である。時期的には大坂夏の陣の前であり、まだ家康は将軍位に就いていなかったが、本書の開版は、来るべき徳川の文治政治を期待させるパフォーマンスでもあった（西笑承兌《さいしょうじょうたい》の跋《ばつ》によれば、あくまでも秀吉亡きあと、幼君秀頼を補佐するための心得と言っているが）。

寛永元年（一六二四）、林羅山は三代将軍・家光のときに本書を講じている。また慶安四年には、老中・阿部忠秋《あべただあき》の求めに応じて、本書の解説書である『貞観政要諺解《じょうがんせいようげんかい》』を執筆している（刊行は寛文九年〈一六六九〉）。この書に付された羅山の序には、「東照太神君（家康）モ、常ニ此書《この》ヲ読マセテ聞《きこ》シ召スト、ウケタマワル」とある。また六代将軍・家宣は『貞観政要』を、「神祖の仰せ置かれ候」（家康が大事にした）書として、新井白石らに講釈させた（『新安手簡《しんあんしゅかん》』附録、『新井白石全集』第五巻、三六四頁）。『貞観政要』はこのように、家康ゆかりの書として理解されていた。吉宗が本書の受講を望んだのは、このような伝統があったのだ。

もっとも、吉宗は鳩巣の講釈を受ける前から、すでに『貞観政要』を知っていた可能性も十分にある。たとえば『貞観政要』巻六「仁惻」には、太宗がそれまで後宮などに住まわせていた三千人にものぼる女性たちを解放し、自由に結婚相手を見つけられるようにしたという逸話が載る。吉宗にもまたこれに似た逸話があって、享保五年（一七二〇）十一月二十九付の書簡のなかで、鳩巣は次のように書き送っている（『兼山』四、71B、495）。

江戸城には前代から大勢の女中が雇われていたが、先日吉宗が、それらのなかから「容色よき」者を選んで、残らず報告するようにという指示を出した。女中の父母たちは、わが娘が選ばれるかもしれないと期待していたが、さて五〇名ほどの名前を挙げて吉宗に差し出したところ、吉宗はその女中たちに暇を出した。その理由は、容色の良い女中ならばすぐに結婚相手が見つかるだろうから、城中で働く必要はない。しかし容色の悪い者は、「御暇下され候はば、難儀におよび申すべく候間〔行き場に困るだろうから〕」、そのまま召し抱えになられた。このようなことは、これまで聞いたことがない。「古代たまたまこれあり候へば、盛徳の事〔立派な徳行〕とて申し伝へ候」。

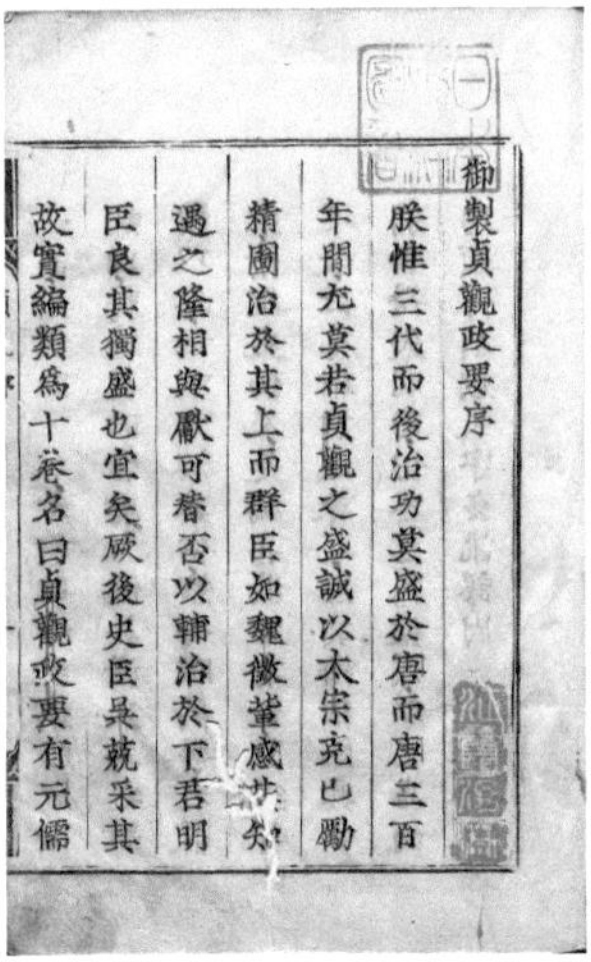
御製貞觀政要序
朕惟三代而後治功莫盛於唐而唐三百
年間尤莫若貞觀之盛誠以太宗克己勵
精圖治於其上而群臣如魏徵輩感其知
遇之隆相與獻可否以輔治於下君明
臣良其獨盛也宜矣厥後史臣吳兢采其
故實編類爲十卷名曰貞觀政要有元儒

伏見版・林羅山旧蔵『貞観政要』（国立公文書館内閣文庫蔵）

このほか、諫言・人材登用・倹約・刑法など、吉宗のとった政策が『貞観政要』を参考にしたのではないかと思われる節は、いろいろ見受けられる。もし吉宗が『貞観政要』をすでに知っていたとすれば、鳩巣の講釈を受講することは、その知識をより深めたいという意図があったということになろう。

しかしそれ以上に、吉宗にとってそれは、家康と「正式」につながるという、儀式的意味合いも大きかったのではなかろうか。吉宗が将軍就任当初、「諸事、権現様（家康）の御定め通り」なる復古のスローガンを掲げたという通説は現在疑問視されているが、それでも家康を崇敬し、その権威に浴していたことは確かである（辻達也『享保改革の研究』第四章）。『貞観政要』は、家康と吉宗をつなぐ回路なのであった。

侍講の効果

享保七年（一七二二）十一月四日付の書簡で、鳩巣は『貞観政要』の講釈が安定して続いていることを報告するとともに、最初の講釈のとき、吉宗に次のような喩え話をしたことを付け加えている（『兼山』六、624）。

侍講の講釈を聞くというのは、ご養生のために薬を召し上がるようなものである。「差し当たりの益はこれなき様に候へ共、畢竟《ひっきょう》は御無病の本《もと》に罷《まか》り成り候」（当面の益はないように見えるが、結局は無病息災の基になる）。この喩えに感じられたものか、それ以後は絶えず侍講の仰せがある、と。

しかし、享保八年（一七二三）十月二十四日付の書簡には、自分のような者がたびたび講釈に召し出され、「御心易《おこころやす》」くしてくださるのは大変ありがたいが、「不才不徳の身故《ゆえ》、存ずる様にこれなき段、気の毒に存じ奉り候」（思うようにいかないのが心苦しい）。その段、筆紙には申し難し」とも言っている（『兼山』七、693）。

鳩巣は吉宗に大きな期待を寄せていた。それゆえに望むところはあくまで高かった。その意味で、鳩巣は真の理想主義者である。しかし、朱子学者が理想主義者でなくなったら、なにをもって朱子学者というのか。鳩巣はこのあと、まさに余命をかけて、みずからの信じる道を突き進む。

吉宗と鳩巣が庶民教化にどのようにかかわったのか、次章では『六諭衍義』の受容について見ることにしよう。

第二章　庶民教化の時代

1　吉宗の文教ビジョン

吉宗の教化政策

三田村鳶魚《みたむらえんぎょ》『教化と江戸文学』は、享保期の佚斎樗山《いっさいちょざん》『田舎荘子《いなかそうじ》』に端を発し、宝暦期の静観房好阿《じょうかんぼうこうあ》『当世下手談義《いまようへただんぎ》』を中心に展開した、こんにち「談義本《だんぎぼん》」と呼ばれる教訓小説の一群を考察した研究書である。

そのなかに、印象的な一節がある。『当世下手談義』に触発されて『教訓雑長持《きょうくんぞうながもち》』という作品を編述した、伊藤単朴《いとうたんぼく》という人物の子孫の家を、鳶魚が訪ねたときの報告である（『三田村鳶魚全集』第二三巻、九二頁）。

子孫は、単朴について伝存する資料はこれだけだといって、単朴が手控えに残したとみられる「繰位牌《くりいはい》」（複数の札板を収めることができる位牌）を見せてくれた。そのなかに、父祖や旧友らの位牌とともに、

廿日　有徳院殿将軍吉宗公　寛延四歳

左大臣任　辛未閏六月

と書かれた一枚があったというのだ。寛延四年（一七五一）六月二十日に逝去した、徳川吉宗の位牌である。それを見て鳶魚は、「大いに感激せざるを得なかった」という。談義本流行の背景に、将軍吉宗の教化政策の影響があったことを、象徴的に示していると感じたからである。

前章で述べたように、吉宗は林家の湯島聖堂や木門中心の高倉屋敷における儒書講釈を、武士だけではなく町人にも公開した。それとともに彼は、中国明末の范鋐《はんこう》が作った『六諭《りくゆ》衍義《えんぎ》』という庶民教訓本を、日本において「公的」に普及させようとした。荻生徂徠による付訓本（原文に訓点をつけたもの）『六諭衍義』、室鳩巣による和訳本（概要を日本語訳したもの）『六諭《りくゆ》衍義《えんぎ》大意《たいい》』（以下、『大意』と略す）がそれである。

とくに後者、鳩巣の編述した『大意』は、談義本のなかにしばしば言及される。たとえば、加藤在止《かとうざいし》『太平国恩俚談《たいへいこくおんりだん》』（明和七年〈一七七〇〉序、安永三年〈一七七四〉刊）巻一一には、泥棒を働くような心得の悪い者に、林家の儒者衆をつかって昼夜、四書五経を教えたとしても、急に道に入ることはないだろう、そこで上様（吉宗）が聖慮をめぐらして、「六諭衍義の仮名物」を作らせなさったのだ、とある。また、『当世下手談義』巻三には、街なかの手習い師匠が、子供に謡《うたい》などを教えることはない、そんな暇があったら『大学』の一巻を教えたり、「六諭衍義の大意」などを毎日読ませたりする方がよい、などとある。初学者の教訓本として認知されていたことが分かる。

初学者ばかりではない。『大意』がどれほど民間の生活に浸透していたかが分かるのが、次の南極斎《なんきょくさい》『鎮火用心車《ちんかようじんぐるま》』（明和三年〈一七六六〉刊）巻下の一例である。江戸駿河町の商家・三河屋の主人は、毎朝潔斎して『大意』を押し載き、謹んで読誦するのを常としていた。そのおかげで、家業も繁盛したという。そこである者が、それはいったいどういった理由なのか、と問うた。答えは次のようなものであった。

家を斉《ととの》える基本は、主人の行いにある。『大意』を日々読誦することによって、主人は自分の行いを反省し、悪い癖を取り除くことができる。するとその主人に感服して、今度は家族や奉公人たちの心も、自然と穏やかに治まってくる。家内のそうした安定した状態が、災禍を払い吉祥を招くことにつながっていくのだ。（要約）

『大意』がどれだけたくさんの人に読まれたかは、残存する版本のバリエーションの多さによって証明される。高橋昌彦によれば、鳩巣の原著にどれだけ編集の手が加えられているかによって、『大意』の諸版は大きく三系統に分けられ、さらにそれらを細かく分類すれば約三〇種類の別版があるという（「江戸時代後期における「六諭衍義大意」の多様化」）。念のために言うが、この三〇種類という数には、刊記や本文の一部を変えただけの、いわゆる後印本・修訂本はふくんでいない。版全体が違うものが、三〇種類もあるのだ。

出版を企図した人は、大名・幕臣・町人とさまざまな階層にわたり、出版時期は享保七年（一七二二）から明治期まで、出版地は三都および東北から九州の各地方、それに琉球にまでおよぶ。間違いなく、江戸のロングセラーと言ってよいだろう。

本章では、この『大意』がどのような意図のもとに、どのように編述されたのかを見ていく。

「六諭」と『六諭衍義』

そもそも、『六諭衍義』とはどのような書物なのか。

これを知るためには、まずは「六諭」とは何か、それがどのように中国において展開していったのかを見ておく必要がある。先行研究によりながら、そのあらましを述べてみたい（酒井忠夫『増補　中国善書の研究　上』第一章、殷暁星『近世日本の民衆教化と明清聖諭』第一章、など）。

「六諭」とは、
①孝順父母（両親への孝行）
②尊敬長上（年長者への敬意）
③和睦郷里（近隣との親睦）
④教訓子孫（子孫への教諭）

⑤各安生理（家職の励行）
⑥毋作非為（犯罪の禁止）

という、六つの訓戒のことである。この訓戒は、宋代にはその原型ができあがっていたと見られるが、それが公示されるのは、洪武三十一年（一三九八）に発布された明の洪武《こうぶ》帝《てい》（太祖《たいそ》）による「教民榜文《きょうみんぼうぶん》」第一九条においてである。

洪武帝は郷村における道徳教育として、なかば強制的にこの「六諭」の奉読を義務づけた。明代の郷村は「里甲《りこう》」と呼ばれる行政単位に区分されていたが、各里甲から「木鐸老人《ぼくたくろうじん》」と呼ばれる代表者を選出し、その者に毎月六回、「六諭」の内容を叫ばせつつ、里甲内を巡回させた。「木鐸」とは、木の舌のついている大きな金属製の鈴で、古代中国では、政令などを布告するときにこれを振り鳴らし、民衆を集めたものという。

その後、里甲制度は衰退し、木鐸老人の制度も形骸化したのであったが、嘉靖《かせい》八年（一五二九）の嘉靖帝《かせいてい》（世宗《せいそう》）のとき、「六諭」の奉読が再び行われるようになった。このときは、「郷約《きようやく》」と呼ばれる郷村の自治組織が運営する行事のなかに、「六諭」の奉読やその講説が組み込まれた。そして、このような明末における庶民教化運動の盛り上がりのなかで生まれたのが『六諭衍義』であった。本書は会稽《かいけい》の人・范鋐《はんこう》の編になるもので、「六諭」の内容を、庶民にも分かる言葉（白話《はくわ》）によって、分かりやすく解説（「衍義」）したものである。

明代におけるこのような庶民教化政策は、続く清代においても発展的に継承される。清の順治帝《じゅんちてい》は順治九年（一六五二）、「六諭」を頒行したが、続く康熙帝《こうきてい》は康熙九年（一六七〇）、これをさらに増補した「聖諭十六条《せいゆじゅうろくじょう》」なる条文を布告し、各省の官僚および郷約において奉読させるとともに、その講説も行わせたのである。これを「聖諭宣講《せいゆせんこう》」と呼ぶ。

聖諭宣講は明代の「六諭」講説を基本的に受け継ぎながらも、その励行は官僚の昇進や給与にかかわる要件とされるなど、より厳格なものであった。またその講説の方法も、文字が読めない民衆のために、歌唱による朗誦を取り入れるなど、より実践的なものとなった。

これが、吉宗が『六諭衍義』を日本に導入するにいたるまでの、中国における民衆教化の状況である。

さらに興味深いのは、この「六諭」を主体とする教化制度の影響は、中国のみにとどまらず、台湾や琉球にまで及んだことである。

一六八三年に清に領有された台湾では、一六九六年に聖堂・学校が建設され、儒教による徳化政策が敷かれる。そこでは「聖諭十六条」による郷民教化が行われた。

また、一六六三年に清による冊封《さくほう》を受けた琉球では、やはり一六七二年頃に久米村に聖堂が建設されている。このころ、清に留学していた琉球の儒者・程順則《ていじゅんそく》は、師である竺天植《じくてんしょく》の書斎で『六諭衍義』を見出し、これを祖国琉球の民衆教化、あるいは中国語学習のテキストにしようと思い立つ。そこで彼は私財を投じて、留学先の福州においてこれを出版、のち琉球へ持ち帰って、その普及に尽力した。

こうした経緯で、順則が総地頭《じとう》を務めた名護間切番所《なぐまぎりばんしょ》では、彼の死後も毎年元旦に、「六諭」を礼拝する行事が続けられたという（深谷克己「東アジア法文明と教諭支配─近世日本を中心に─」）。そして、このとき出版された『六諭衍義』の一部が、後述のように薩摩藩主・島津吉貴《しまづよしたか》へ献上され、さらに徳川吉宗の許《もと》にまで達することになるのである。

このようにしてみれば、「六諭」は東アジアにおける庶民道徳の「標準規格」であったとも言える。海禁政策をとっていたとはいえ、日本も東アジアの政治的・文化的秩序から無縁でいられることはない。その内容の有効性をふくめて、「六諭」の研究は、東アジアの文教政策の動向を知るうえで重要な課題であったのだ。

吉宗の東アジア研究

そもそも、吉宗はなぜ『六諭衍義』という書物に目を付けたのか。いま、わが国における『六諭衍義』受容研究に先鞭《せんべん》をつけた、東恩納寛惇《ひがしおんなかんじゅん》の整理するところにしたがって、事実関係だけを単純に追っていくならば、次のようになる（『庶民教科書としての六諭衍義』）。

まず、琉球の儒者・程順則が、薩摩藩主・島津吉貴に本書を献上する（正徳四年〈一七一四〉）。それを島津吉貴が、徳川吉宗に献上したところ（享保四年〈一七一九〉三月）、吉宗は本書を庶民教化に有益であると考え、荻生徂徠に命じてその付訓本（同六年〈一七二一〉十一月奥附）を、また室鳩巣に命じてその和訳本（同七年〈一七二二〉四月奥附）を公刊させた――と。

このように見れば、ことの発端は何やら偶発的な出来事であり、事態は程順則→島津吉貴→徳川吉宗へと、一方向的に流れているように思われる。しかし、実際はそのような偶発的で、一方向的なものではなかった。その背景には、中国（および琉球）の文教政策についての関心という、吉宗側からのベクトルも存在したのである。

上述した島津吉貴による吉宗への『六諭衍義』献上は、じつは吉宗による、吉貴への中国事情聞き取り調査のなかで行われたものであった。このとき聞き取りされた内容は、「中華の儀に付申《つきもうし》上《あげ》候《そうろう》覚《おぼえ》」（大庭脩編著『享保時代の日中関係資料　二』所収）と題する資料として残されており、そこには清朝の制度や風俗についての様々な情報が、箇条書きにして記されている。その冒頭に、くだんの『六諭衍義』の話題が置かれているのである。

一、中華之仕《し》置《おき》、六ヶ条御座候。去る子年《ねのとし》、唐え《（へ）》相渡り候琉球人、板行仕り、持ち帰り候『六諭衍義』と申す書物、一冊御座候に付き、差し上げ申し候。右の内にて諸事仕置式の儀、相見え申し候。

〔一、中国の統治には、六ヶ条の柱がございます。去る子の年（宝永五年〈一七〇八〉）、中国へ渡っていた琉球人が出版し、持ち帰った『六諭衍義』という本が一冊ございますので、差し上げます。その書のなかに、さまざまな統治の方式が見えております〕

さらに同資料には、教育体制および官吏登用制度にかんする次のような条目も見えている。

一、村里毎《ごと》に学問所これ有り、人々出精相勤め申し候。学問所切により官人に罷《まか》り成り候に付き、何者にても別して精出し申し候由に御座候。

〔一、村里ごとに学問所があり、人々は精を出して勉学している。（身分出自にかかわらず）学問所を出ただけで官人になれるので、どんな者でも精を出しております〕

吉宗の明律研究はよく知られているが、彼はさらに清朝の法律・地誌などの研究も進めていた（大庭脩・上記書、同『徳川吉宗と康熙帝』）。『六諭衍義』への注目は、そのような明清の制度・風俗研究という文脈のなかの、ひとつのトピックなのであった。いや、より正確に言うならば、『六諭衍義』への注目は、先述のような東アジアレベルの民衆教化動向への吉宗の関心から、たぐりよせられたトピックだったのだ。

すなわち、日本に東アジアの標準規格である庶民道徳を将来し、それによって教化しようというビジョンが、吉宗には備わっていたと思われる。享保期から始まる学術の振興や談義本の叢生は、そのような国際的なスケールで位置づけることが可能なのである。

『六諭衍義』和訳の下命

では、鳩巣の『大意』はどのようにして出来上がっていったのか。そのあたりの経緯は、『兼山』に収録されている鳩巣の書簡によって、かなりしっかりと辿ることができる。

享保六年（一七二一）閏七月十三日、木下菊潭と鳩巣は、『六諭衍義』を「仮名にて和らげ」る作業についての所見を述べるために、登城していた（『兼山』五、37B、530）。じつはこれより先、この件について吉宗から諮問があり、『六諭衍義』を手渡されていたのである。

この時点では菊潭・鳩巣のいずれがその任に当たるかは決まっていなかったが、吉宗の御前に召されてそれぞれ所見を述べたところ、退出後に吉宗側近の有馬氏倫から、両人のうち鳩巣に御指名があったと伝えられた。そこで鳩巣は、「只今《ただいま》、高倉屋敷講釈も御断り申し上げ、引籠り、右の御用に取り懸り罷りあり候」と、高倉屋敷の講釈も中断してその作業に没頭することが許されたらしい。鳩巣も「（高倉屋敷講釈よりは）余程《よほど》風教のためにもなり申すべきかと存じ候」と、前向きに取り組んでいる様子である。また、「これも『楠諸士教《くすのきしょしきょう》』、御意に応じ申す故《ゆえ》（吉宗の御意にかなったから）と存じ奉り候」とも言っている。

『楠諸士教』とは、鳩巣が元禄五年（一六九二）、南北朝期の武将・楠正成《くすのきまさしげ》が家来に下知した教訓という体裁で、武士のあるべき姿を論じたもの。正徳五年（一七一五）、著者名を記さず『明君家訓《めいくんかくん》』と題して刊行された。

鳩巣の述べるところによると、『明君家訓』は発刊後一〇年ほどの間、さして話題にも上らなかったが、あるとき吉宗の叡覧に入り、近習衆へ読んでおくようにと下知があった（『兼山』五、30A、523。なお第五章参照）。そうして近習衆をはじめ、江戸城に出仕するほどの者はみな本書を買い求めたため、『楠諸士教』と旧名に戻して再版することになった。鳩巣は、こうした教訓書執筆の「実績」を持っていたことが、自分が『大意』の訳者として選ばれた理由であろうと言うのである。

なお、儒者が漢文ではなく仮名、しかも平仮名で教訓・思想的文章を書くことは、もとより啓蒙のために、あえてすることであった。このことに早くから自覚的であったのは陽明学派と言われる人々で、中江藤樹《なかえとうじゅ》『翁問答《おきなもんどう》』や熊沢蕃山《くまざわばんざん》『集義和書《しゅうぎわしょ》』などがその実践例にあたる。

蕃山は言う。仮名教訓書は、「直《じき》に理を発明して人心のまどひを解き、人情時変に通じて心思を内に向かはしめ」（直接に道理を悟らせて人の迷いを解き、人情や時勢に通じさせて心を落ち着かせる）る点で、家や国を治めるのに有益である。よって仮名だからといって「あなどるべからず」（『集義和書』巻九）、と。『楠諸士教』の述作は、鳩巣にもそのような自覚があったことをうかがわせる。

また、吉宗は漢籍ばかりではなく、貝原益軒《かいばらえきけん》の仮名教訓書や、蕃山の「『集義和書』『外書』などいへる卑俗の書」まで、うずたかく座右に積み上げていたという（『有徳院殿御実紀附録』巻一〇）。こうした吉宗であったからこそ、『六諭衍義』の和訳という発想が生まれてきたのであろう。

前田綱紀の反応と林家

享保六年（一七二一）八月下旬、鳩巣は『六諭衍義』の和訳を、上中下三冊、紙数にして六、七〇枚にまとめ、吉宗に提出した（『兼山』五、38B、531）。本の仕立てよう、文章の続き具合がよく、近習衆へも読み聞かせたところ、「何れも感通いたし候（心に響いた）」との報告を受けた。ただし吉宗は、あまりにくわしく長いと、「末々の者」が読むものとしてはどうかと思われるので、「短くいたし直し上ぐべき」（短く修正して再提出する）ように、重ねて下知された。そこで、とりいそぎ「六諭」のうち一段のみ、修正して再提出したのだという。

鳩巣はついでに、林家父子の三人にも『謡抄《うたいしょう》』（謡曲の注釈書）作成の下命があったが、できあがったものが「御意に応ぜず」、突き返されたと報告している。ここには、第四章でくわしく見るような、林家へのあからさまなライバル意識がうかがえて面白い。

ところで、鳩巣の言だけを見ていると、林家はいかにも無能の集団のように思われるが、鳩巣のかつての主君であった加賀藩主・前田綱紀は、書籍や学問、海外の情勢などに関する書簡のやり取りを、林家と長きにわたって続けている。それが『松雲公林家往復書簡《しょううんこうりんけおうふくしょかん》』（二一冊、金沢市立玉川図書館蔵）である。ここには元禄十五年（一七〇二）二月から享保九年（一七二四）九月までの、綱紀と林家（おもに鳳岡）との書状によるやり取りが収録されている。

それらを見れば、鳩巣の評価とはやや温度差があって、綱紀は林家の学識を信頼していたものと思われる。なお綱紀に限らず、前田家家中には林家を信仰する人が多いと、鳩巣は指摘してもいる（『兼山』二、39B、347）。

さて、その『松雲公林家往復書簡』第七冊所収の享保六年（一七二一）八月八日付書簡によれば、綱紀は鳳岡に次のような質問を出している。

一、先日仰せ聞けられ候『六諭演《（衍）》義』旨、康熙帝の上諭を琉球の程順則、『演義』を作り申し候哉。この順則、日本え《（へ）》も参り申し候由、承り候。その時は何と称し申し候哉、承りたく候。

〔一、先日おっしゃった『六諭衍義』のこと、康熙帝の御訓戒を琉球の程順則が『衍義』

として作ったのでしょうか。この順則は、日本へも参上したとうかがいました。そのときどのように説明したのか、教えてください」

「先日仰せ聞けられ」とあることから見れば、『六諭衍義』の話題はすでに鳳岡から綱紀に伝えられていたようで、本書簡はその日本への伝来の経緯を確かめる文面である。これに対して、翌日、鳳岡は次のように答えた。

以前、琉球使節が日本へ来たときに、吉宗から琉球における政事についての下問があった。このとき即時には答えられず、去年か今年か、琉球の者が『六諭衍義』を持参し、「この通りの外、政事これ無き由」を答えた、という。『六諭衍義』を人民統治の基本理念としているという意味であろうか。

鳳岡はまた、自分は御前にて本書を一覧しただけなので、その内容についてはよく分からない。「室新助（鳩巣）へ御尋ね遊ばされ候はば、相知り申すべき哉（知っているのではないか）」と存じ奉り候」、と答えている。本書の内容やその伝来については、林家でも正確には把握できていなかったようである。

ここで、琉球使節に吉宗が下問したというのは、興味深い情報である。吉宗側からのベクトルが裏付けられるからである。琉球使節の江戸入府は享保三年（一七一八）十一月で、薩摩藩主・島津吉貴が引率役をしていた。この時に『六諭衍義』のことが話題に上り、翌年三月に吉貴が吉宗に実物を献上した、という経緯をたどった可能性がある。

それにしても、この綱紀と鳳岡とのやり取りは、鳩巣に和訳の命が下ってからわずか一ヶ月後である。ここから分かるのは、少なくとも吉宗の文教方面の様々な施策（書籍の収集や調査研究など）については、綱紀は林家を通していち早くその情報を得ていたということである。

むろん、鳩巣という「裏ルート」も存在していたわけであるから、加賀藩の情報収集能力は非常に高かったというべきであろう。

2 『六諭衍義大意』の官刻

鳩巣と吉宗の文教イメージ

享保六年（一七二一）九月四日、鳩巣は門人の青地斉賢に、先述した初稿の簡約化について、くわしい経緯を説明している（『兼山』五、41A、534）。

鳩巣の提出した初稿は、上中下三冊であった。それを吉宗は、分量を半分以下にし、一冊にまとめよという。しかし吉宗は同時に、それで文意が通じなくなったり、読む者の心に響かなくなったりでは意味がないので、「とかく本書（『六諭衍義』）の意を取り候て短く致し、且つ又、感情のぬけ申さざる様に仕り見申すべく候」という。これはなかなか難しい注文である。鳩巣も、「けつく〔結局〕、最前くはしく致し候よりは六ヶ敷〔むずかしく〕御座候」と言っている。

そこで鳩巣は、あまりに短すぎると、読む者はかえって「軽く」〔威厳がないと〕思ってしまうだろうし、文章が長ければ委曲をつくせるので、「面白く」も思うはずだと、取次の有馬氏倫に再度訴えてみた。しかし有馬によれば、吉宗の考えは次のようなものであった。

なるほど、文章が長ければ文脈もよく通るし、道理もくわしく述べられるだろう。だが上様は、本書を「末々」の者たちにまで読ませたいというおつもりだ。そうすると、三冊もあるような本では、「軽き者」〔身分が低い者〕などは手に入れにくい。一冊で手軽に求められるものならば、広く末々まで取りはやすであろう、とのお考えである。どれほど短くしても、このたび上様から仰せ付けられ、お広めなされるということであれば、「軽く」は思わないであろう。（現代語訳）

吉宗の「御意」が加わって短くなっているのであるから、「軽く」思われることはなく、その「御威光」によって流行るだろうとの見方を、鳩巣は「その段は恐れながら御尤《ごもっとも》に存じ奉り候」と、しぶしぶ受け入れている。こうして和訳本は、初稿の半分ほどの分量〔三

○枚程度）の一冊本になった。
吉宗が一冊につづめよと命じたのは、後述のように、往来物《おうらいもの》のような書物をイメージしていたからであろう。鳩巣は、本書によって自学自習できるようなテキストをイメージしていたが、吉宗はむしろ解説の丁寧さよりも、その簡潔さを重視したのである。そのあたりの両者の考え方の違いは、この後さらに顕現化する。

それから約二週間後の九月十八日、青地礼幹に宛てた書簡のなかで、次のように報告している（『兼山』五、43A、535）。

『六諭衍義』には、各条の末尾に、その条の内容を表した漢詩（律詩）が配置されているが、この詩の部分は、吉宗の考えでそのままに残すようにした。また「口の勧諭の処《ところ》」（本文の最初のところ）も、吉宗の提案でいま少し分かりやすい文言にした。そのほか少しずつお好みのところがあって、いまもって完成していない。「愚見と合ひ申さず候処どもこれあり候へども、とかく御好みの事に候へば、先ずその通りに仕り候」（自分の見解と合わないところもあるが、とにかく吉宗のお好みのことなので、まずはそのとおりにしている）。

続けて鳩巣は、「何とぞこの後、御学文遊ばされ候様に（御学問に取り組まれるように）致したく存じ奉り候」と言う。これは、吉宗の学問への姿勢が、真のものでないという認識があるからである。たとえば享保六年（一七二一）正月十八日付書簡では、吉宗が推進する高倉屋敷での講釈について、「御自身に御聞き遊ばされたしとの御事〔ご自身で講義をお聞きなさりたいということ〕にてはこれなき様に相見え申し候」（『兼山』五、7B、501）と述べていた。

さらに、先の礼幹宛書簡では、鳩巣は自分の意見が受け入れられないことを嘆いて次のようにも言っている。

> その教ゆる所を臣とする事を好みて、その教えを受くる所を臣とする事を好まざるの弊、古より明主〔立派な君主〕にもこれありと見え申し候。左様にては大有為の望はこれなしと存じ奉り候。

吉宗の態度は、『孟子』公孫丑《こうそんちゅう》・下篇にいう、自分が教える者を臣とするのを好み、自分が教えてもらう者を臣とするのを嫌うという類であり、それでは大事業を成し遂げる望みはないと。まことに手厳しい。

だが鳩巣と同じように、しかし鳩巣とは別の理由で、吉宗の意向（政治）と儒者としての見識（学問）とのあいだで、鬱憤をためていた人物がもう一人いた。荻生徂徠である。

荻生徂徠による付訓本

約一ヶ月後の享保六年（一七二一）十月二十四日に、斉賢に宛てた書簡（『兼山』五、49B、542）では、吉宗が『六諭衍義』付訓本の刊行を企てていること、そしてその原稿の作成を、荻生徂徠に仰せ付けたという事実が報告されている。いま一度整理しておくが、鳩巣がたずさわっていたのは『六諭衍義』の概要を和訳したもの、ここで徂徠が拝命したとされているのは、『六諭衍義』に訓点（返り点や送り仮名）をつけたテキストである。

徂徠は、鳩巣と同じく高倉屋敷の講釈も務めていた幕儒・荻生北渓の兄で、甲府藩主・柳沢家に召し抱えられていた儒者であった。徂徠にこのような命が下ったのは、彼が白話の理解に長じていると判断されたからである。

前述のように、『六諭衍義』は庶民でも理解しやすいよう白話体で書かれていた。その付訓本刊行の話が持ち上がったとき、鳩巣は有馬氏倫から誰が適任かとの相談を受けたので、長崎での通訳の実地経験も豊富な、岡島冠山《おかじまかんざん》を推薦した。鳩巣が言うには、冠山は徂徠と同じく柳沢家に召し抱えられ、徂徠の白話の師であり、また徂徠よりも「才子」である、と。

あるいは、同じく白話に長けた深見《ふかみ》玄岱《げんたい》・有隣《ありちか》父子などへ仰せ付けられるのがよかろうけれども、彼らはいま清の法律集成である『大清会典《だいしんえてん》』という大部の本の翻訳に携わっている（ので無理だろう）、とも回答している。

ともあれ実際は、冠山や玄岱らではなく、徂徠が下命を受けた。そして徂徠の門下生はこれを「規模」（栄誉）と思っているという噂も、どこからか聞いたようだ。

徂徠およびその門弟たちの言動への憂慮、というより嫌悪に近い感情については、以下の章でたびたび取り上げるとおりである。それだけに、吉宗が徂徠を抜擢したことに、不快の色を隠せないようである。

ところが、徂徠はこの下命について、「規模」とは少し異なる考えをもっていた。むろん、柳沢家の家臣でありながら、このような下命を受けたことは誉れであったには違いない。しかし、『六諭衍義』を幕府の肝煎りで刊行すること――すなわち官刻は、彼の考えからすれば、日本の国際的地位にかかわる問題であったのである。どういうことか。

このあたりの経緯は、柳沢家の日誌である『福寿堂年録《ふくじゅどうねんろく》』にくわしく記録されている。いま、中村忠行の論文（「儒者の姿勢」）を参考にして、略述しておこう。

享保六年（一七二一）九月十五日、徂徠は老中・戸《と》田《だ》忠真《ただざね》邸に呼び出され、付訓の下命を受ける。鳩巣が和訳を命じられた、その約二ヶ月後である。徂徠は五日足らずでこの仕事を終え、初稿を上呈したところ、再び戸田に呼び出され、本書刊行のために、「文字少し大きめに」書いたものを二通り提出することなどを要請された。そこで徂徠は、次のような反対意見を述べた。

この書物(『六諭衍義』)は、清の康熙帝が布告した訓戒を、琉球でも順守していることを清へ知らせるために、琉球の学者・程順則が重版したものであろう。琉球は清へ貢ぎ物を捧げ、康熙の年号を用いている。しかしわが国にあっては、これを民間で刊行するのはよいとしても、幕府として刊行するのはいかがなものか。(要約)

つまり『六諭衍義』を官刻することは、日本が清の支配下にあることを認めるようなものだというのである。

この意見はいちおう吉宗にも届けられたが、吉宗は徂徠の懸念を「問題なし」と判断した。そして刊行のための作業は進められ、徂徠は序文を書くことになったが、もとより本書の刊行については消極的であったから、「琉球同然に康熙帝を尊敬」することは、「半ば口惜しき儀に御座候」(かなり残念なこと)などと申し立てをしている。とはいえ、下命は逃れられぬことであるから、序文の草稿を書きはするが、その文言のなかに、陰に陽にみずからの思いをにじませる。

そこで、今度は有馬氏倫が自邸に徂徠を招き、吉宗の内意を伝えた。注文は六ヶ条あり、基本的に分量を短くすること、康熙帝の名前は出すに及ばないこと、出版経緯は簡潔でよいこと、などであった。ほぼ全面的な改稿指示である。徂徠はこれに応じて、十月十一日、修正稿を二通り作って、戸田邸に持参した。そしてこのうちの一つが、多少修正されたう

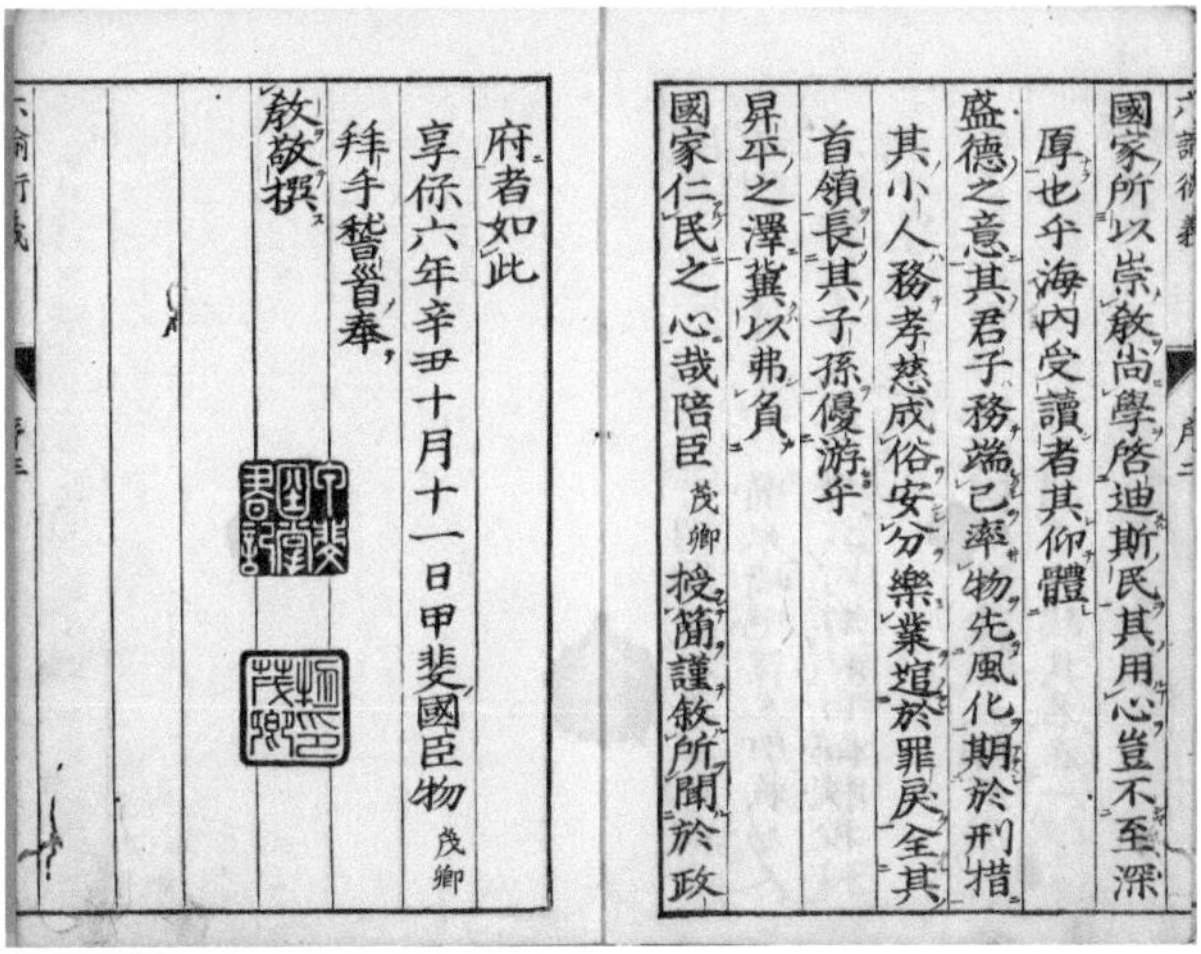
國家所以崇敎尚學啓迪斯民其用心豈不至深
厚也乎海内受讀者其仰體
盛德之意其君子務端己率物先風化期於刑措
其小人務孝慈成俗安分樂業遠於罪戾全其
首領長其子孫優游乎
昇平之澤冀以弗負
國家仁民之心哉陪臣茂卿援簡謹敍所聞於政
府者如此
享保六年辛丑十月十一日甲斐國臣物茂卿
拜手稽首奉
敎敬撰

『官刻／六諭衍義』徂徠序（国文学研究資料館蔵）

えで採用されることになり、徂徠は十五日に、清書および口上書きなどを提出したのであった。

かくして、徂徠付訓本は十二月二十四日に無事刊行され、初版百部程度が御納戸に納品された。鳩巣も吉宗の意向を汲み取りかねて苦労したようだが、徂徠は徂徠で、みずからの考えと吉宗の意向とのあいだで板挟みになりながら、しぶしぶ筆を執っていたのである。

徂徠が幕府による『六諭衍義』刊行を、清への臣従に等しいとして批判したという噂は、じつは外部にも漏れていた。享保七年（一七二二）二月十四日付、加賀藩医の小瀬《おぜ》復庵《ふくあん》から青地礼幹への書簡のなかで、このことが密かに伝えられている（『浚新』四、32）。

復庵は、「この男（徂徠）、左様の事申すまじき人才にあらず候（そのようなことを言いかねない人物である）」。虚説とも申し難く候」という。礼幹はこれに対して、実際に徂徠加点の付訓本も出版されていること、また「六諭」そのものは明代から存在することから、これは噂であろうと割注を付している。しかし前述のように、これは本当のことであった。また、これはあくまで復庵と礼幹とのやり取りであって、復庵は「必ず必ず御口外（他言すること）なられまじく候」と念押ししているので、この「噂」は鳩巣のもとには届いていなかったであろう。

『大意』の完成

徂徠による付訓本の出版などを挟んで、半年ほども放置状態であった和訳本であるが、年を越した享保七年（一七二二）三月上旬頃、再び吉宗から完成を促された（『兼山』五、62A、553）。また四月九日付書簡によれば、字の上手い者に版下を書かせたいが、誰がよいかとの下問があったので、鳩巣は尊円流の書家で、江戸で浪人をしている石川勘助《いしかわかんすけ》を推薦した（『兼山』五、71B、561）。

そこでその筆跡を上覧に供したところ、この者でよかろうということになった。また跋文は漢文がよいということなので、自分の筆跡で書き上げ、提出した。三月末には町奉行を経て本屋に清書原稿が渡され、京都で版刻にかかる予定だという。

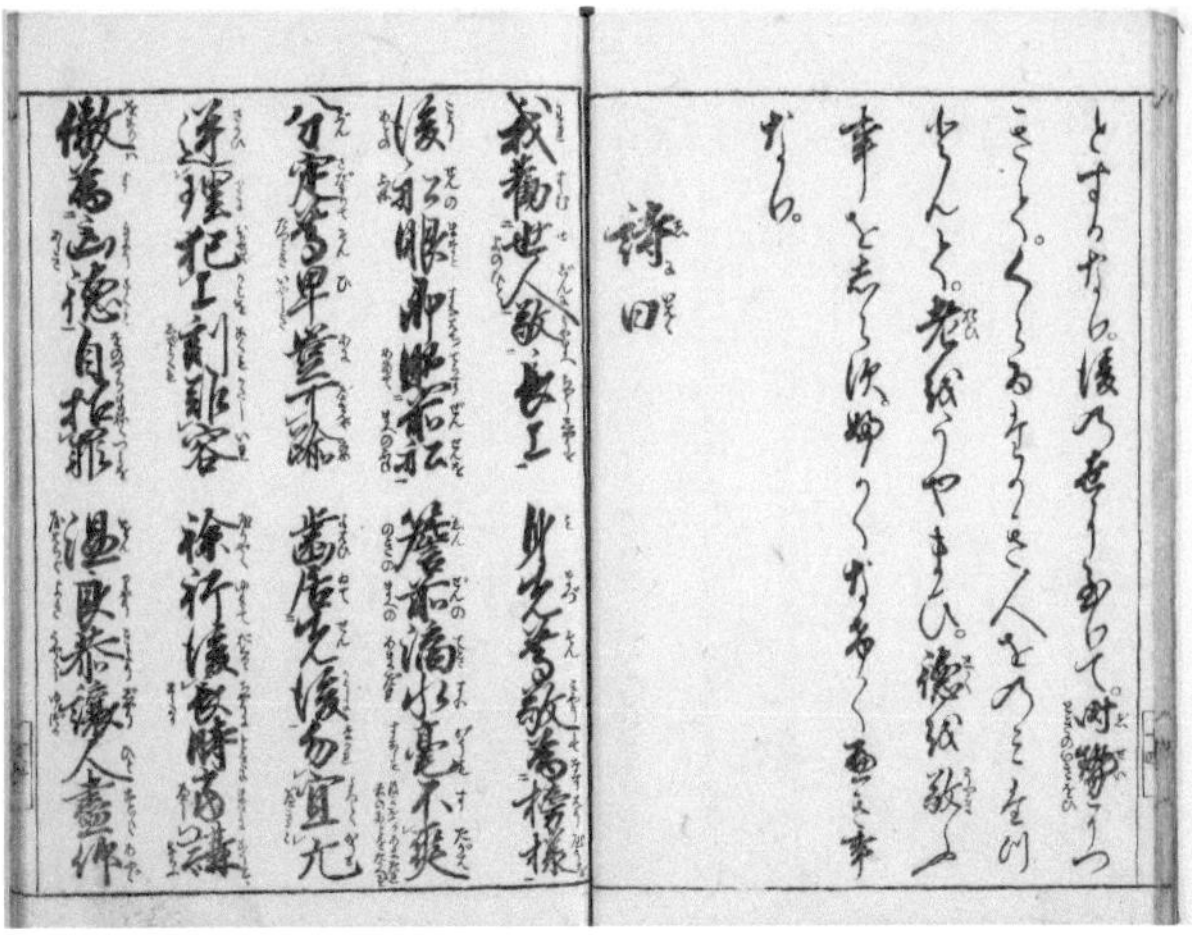

『六諭衍義大意』初版本（東京学芸大学蔵）

さらに同書簡には、「六諭衍義大意」という書名が、吉宗の「御好み」であったこと、また、原本の各条末に付された漢詩を往来物のように大きく書かせたのも（上図参照）、吉宗の発案であったことが伝えられる。「これは民家などにて子どもに手習ひ仕り候者は、幸ひ手本にも仕り候様にとの思し召しにて御座候」（民間で子どもに手習いを教えている者には、手本としても使えるようにとの思し召しである）。往来物とは、いわゆる『今川状《いまがわじょう》』や『庭訓往来《ていきんおうらい》』のような初学者用の教科書であるが、「それよりは風教に助けこれある（風俗教化のために益がある）物に御座候」、と鳩巣は言っている。

なお鳩巣が推薦した石川勘助という書家は、もと出羽の人、江戸・本石町二丁目に

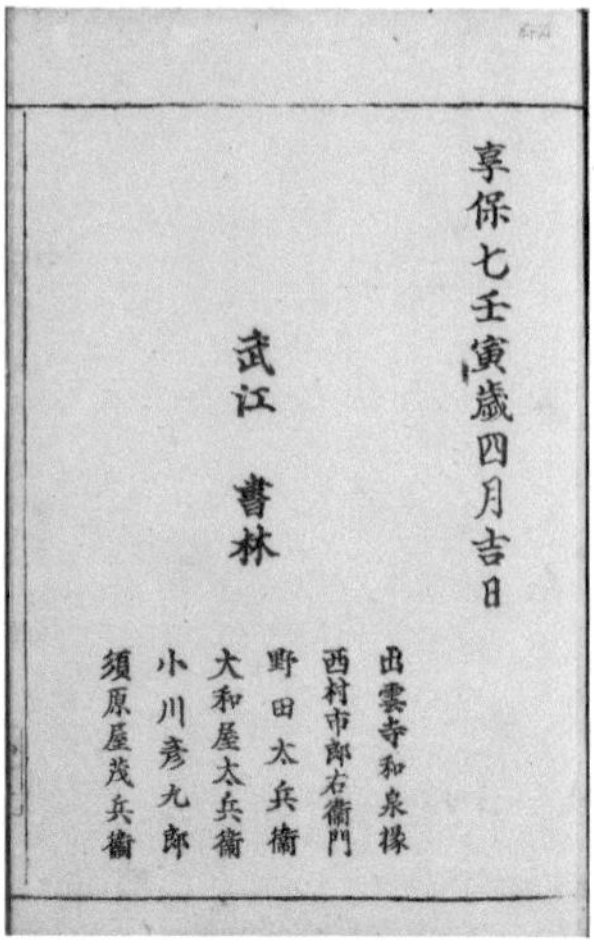

同前・刊記

住した。号は柏山。享保十七年（一七三二）十月十七日没、六十八歳。下谷坂本善養寺に葬られる。法号は歓喜院悟峯常徹居士（三村清三郎『近世能書伝』、一一八頁）。その筆跡は、『初学筆要集《しょがくひつようしゅう》』（享保九年〈一七二四〉刊）という往来物で確認できる。

さて享保七年（一七二二）四月二十九日、鳩巣は吉宗の御前に召されて、『大意』の跋文について講釈をした（『兼山』五、83A、573）。前述した四月九日付書簡に、三月末ごろに京都で版刻が開始されるとの予測が述べられていたばかりなので、ここは原稿をもとに講釈したということであろう。

なお、初版本の刊記には「享保七壬寅歳四月吉日／武江書林　須原屋茂兵衛（ほか五名）」とあるから、実際は京都ではなく江戸で版刻されたのかもしれない。

こうして『大意』は、ひとまずめでたく発刊された。二ヶ月後の六月晦日には、版下を書いた石川勘助が町奉行所に呼ばれ、白銀二枚を賜ったというので、鳩巣宅に礼を述べに来た（『兼山』五、104A、594）。石川が言うには、江戸に手習い師匠と言われる者は八百人ほどもいる。そのうちの主だった者一〇人と、その町の名主たちが召し出され、この書を用いて何種類かの手本をつくり、子供たちに教えよということで、めいめいに『大意』が一冊ずつ下賜されたという。

このことは、当時の町触によって、より詳細な事実が確認できる。享保七年（一七二二）六月八日、町年寄《まちどしより》の奈良屋市右衛門《ならやいちえもん》を通じて、町ごとの手習い師匠の人数と氏名の照会があり、それを受けて六月二十二日、北町奉行・中山時春《なかやまときはる》の仰せ渡しにより、以下の者が「六諭衍義」（『大意』であろう）の下賜を受けたという（『江戸町触集成』第四巻、一一七頁）。

本石町壱町目　馬場春水　　同弐町目　石川勘助　　伊勢町　荒木蓉水
瀬戸物町　成瀬弥市郎　　通弐町目　星合伊織　　常盤町　豊島善次郎

吉宗と鳩巣の教育観

さて、このように見てくると、『大意』の企画・体裁・流布、そのあらゆる段階にわたって、吉宗が細かく指示していることが分かる。『大意』はたしかに鳩巣の著述ではあるが、吉宗と鳩巣の合作、というより、むしろ吉宗の意向が隅々にまで行き渡った事業だった。これまで、吉宗は単に『大意』の編述を下命したという程度に理解されてきたように思われるが、上に見たごとく、彼の関与は微に入り細を穿《うが》ったものであり、それも単なる

「好み」のレベルを超えた、かなり戦略的なビジョンに基づいていたと言えるであろう。

ところで、『大意』を刊行するにあたって、吉宗はなぜ明清の『聖諭』のような布告の形態をとらずに、基本的には民間の自主性に任せた、緩やかな流布の形態を選んだのであろうか。それは、彼の学問観・教育観によるものと思われる。

吉宗が徳川綱吉の学問奨励策を批判して、そのような「権威を以」てする強制的なものでは効果は出ない、学問というものは、各人が自発的に行わなくては意味がないという考えを持っていたことは、前章で見たとおりである。これについては、荻生徂徠の教育観が影響したのではないかという指摘がある（辻本雅史『近世教育思想史の研究』第一章）。

たとえば、徂徠が政治についてみずからの考えをまとめた『政談』巻四のなかに、次のような部分がある。――昌平坂（湯島聖堂）や高倉屋敷では公開講釈が行われているが、あれは益がない。学問というものは、自分が尊敬している師であれば、金を払ってでも学ぶ気になるものだが、師にそのような威厳（魅力）がないと、その気にはならない。ただ「役目」（仕事）として教えている師に、そのような威厳（魅力）はない、と。

つまり、お仕着せの教育では意味がなく、学習者が「自得」することが大事というわけである。たしかに、吉宗が清朝の「聖諭」のような、官僚によって厳しく管理される教化システムを取り入れなかったのは、徂徠との接触にもその理由があったのかもしれない。

ちなみに鳩巣は、前章で見たとおり、吉宗の学問観・教育観に理解を示しつつも、このように風俗の衰えた時代には、まずは「御威勢」にて「厳励」する必要があると考えていた。鳩巣は前述した享保七年（一七二二）四月九日付書簡のなかで、身分に応じた料理や衣服の式法を定めるべきかという諮問があったことに対して、有馬氏倫に次のように答えている（『兼山』五、73A、563）。

只今の風俗、中々式法にて改り申すべきとは存じ奉らず候。それより前に急度《きつと》御教令これあり候て、諸人耳目を改め候様にいたし、その後、御式法出し候様に仕りたく存じ奉り候。たとへば五穀の種、なにほどよき種に候ても、地ごしらへこれなく、沙石・荊棘《けいきよく》を去り申さず候て、そのうゑへまき候ては、なに程たねよく候てもそだち申すまじく候。先ず地ごしらへを遊ばされ候様に仕りたき由申し候へば、有馬殿殊《こと》の外《ほか》感心の体にて御座候。

要約すればこうだ。式法を定めるのは良いことだが、まずは厳格な「御教令」（訓令）によって諸人にその意義を自覚させ、その後に式法を出すようにすべきだ。それは穀類の種を蒔《ま》く場合と同じで、きちんと小石や藪を取り去り、「地拵《ごしら》え」（農業に適した土をつくること）をしていてこそ、よい種も芽を出すことができるのである、と。

このように見ると、鳩巣は『大意』の内容だけでなく、その流布のあり方についても、もう少し強制力を持った形を理想としていたようである。結果的に、そのような形では行われなかったものの、本章冒頭に見たように、『大意』は吉宗の文教政策を象徴するテキストとなり、幕末・明治にいたるまでのロングセラーとなった。その点、吉宗の構想は一定の成功をおさめたと言えよう。

第三章　『駿台雑話』の成立

1　武家知識人としての類型

前章では、鳩巣が『六諭衍義』を和訳した仮名教訓書『六諭衍義大意』について見た。本章では、その後、鳩巣が幕儒としてどのように活動したのか、また彼の主著といえる『駿台雑話』が、どのような経緯で述作され、どのように世に出たのかについて見てみよう。

『五常五倫名義』

『六諭衍義大意』が、吉宗の意向を隅々まで反映したかたちで作られたことは先述のとおりである。あまり知られていないが、吉宗はこのほかにも、鳩巣にこのたぐいの仮名教訓書を作らせていた。『五常五倫名義《ごじようごりんめいぎ》』である。

享保八年（一七二三）九月四日、鳩巣は吉宗側近の有馬氏倫から江戸城に呼び出され、五常（仁・義・礼・智・信）の五文字を頭にすえて、仮名でその意味を二行書きにした掛物を見せられて、「いかが存じ候哉」（どう評価なさるか）と尋ねられた（『兼山』七、686）。筆跡もよろしく、かなり古いもので、おそらく堂上方《とうしようがた》（公家）から出たものだろうが、五常の義をきちんと理解している者が書いたのではないと述べると、「五常をかくのごとく手短く仮名書き仕り候て、指し上げ申し候様に」〔五常の教えをこのように手短かに仮名で解説し、提出するように〕との下命があったという。

そこで九日に草稿を差し上げたところ、例のごとく「御好み」のことがあって、一度引き取り、晦日に改稿したものを再提出した（『兼山』七、689）。すると御前に召し出され、分かりやすくてよいという評価をいただくとともに、五倫（父子・君臣・夫婦・長幼・朋友）をも「この通りに調へ申し上ぐべき旨、御意」があった。

その後、本書を出版して後代まで残すつもりであるが、「いつ出来候哉、誰が所作に候哉、相知れ申さず候てはいかがに候間《あいだ》」〔いつ、誰が作ったのか、分からないのは不都合なので〕、跋文を書くようにと重ねて仰せがあった（『兼山』七、693）。そこで書いて提出したところ、さっそく御意にかなって作業は終了した。「何事も敏速なる事にて、少しも滞着〔もたつき〕これなく候」。だから当分、お勤めのことも「気鬱」なることはないだろう。「これは徳川の御家風と存じ奉り候」と、鳩巣は言う。前田家と比較してのことであろうか。

なお、本書はその後たしかに刊行されたが、『大意』のような「官版」ではなかったようである。しかもその刊行は、成立から三〇年以上も後の宝暦十一年（一七六一）である。後述する、鳩巣著『駿台雑話』を刊行した江戸の崇文堂《すうぶんどう》・前川六左衛門《まえかわろくざえもん》から、『大意』と同様に、往来物風の大字・草書体にし、大本《おおほん》（現代のB5判くらい）一冊で刊行された。

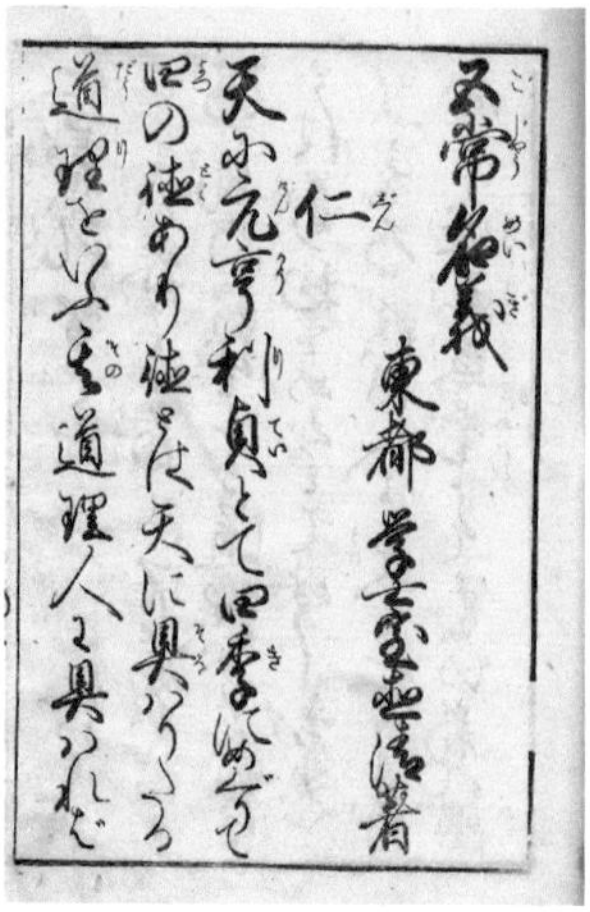

『五常五倫名義』

後半に「大学詠歌」（『大学』三綱領・八条目の内容を和歌で詠んだもの）、「病中のすさび」（当代の武士の風儀を戒めた仮名文）の二篇を付している。

本書にはこのほかに、楷書版・行書版などの別版も存在し、現在までに少なくとも四種の異版を確認しえた。おそらくは近世後期〜幕末に、漢学塾や篤志家が少部数刊行したものであろう。しかし本書は、『大意』ほど多種多様な流布・展開は見せなかった。最初に「官版」として出されたかどうかが、この違いを生じさせたものだろうか。

佚斎樗山と岩田彦助

こうした吉宗の庶民教化政策を、三、四〇年もあと、宝暦以後の談義本・教訓本作者たちが、自分たちの活動の淵源《えんげん》とみていたことは、前章冒頭に述べた。しかし、じつは彼ら民間の篤志家たちよりも早く、まずは武家の知識人たちが、この動きに敏感に反応していたふしがある。このことは従来、あまり意識されていないようだ。

談義本の創始者と位置付けられる人物に、佚斎樗山《いっさいちょざん》がいる。樗山は『田舎荘子《いなかそうじ》』（半紙本（現代のA5判くらい）五巻、享保十二年〈一七二七〉刊）と題する作品を皮切りに、「樗山七部書」と称される続編類を次々に述作した。『田舎荘子』は、雀と蝶、鴟《みみずく》と鷹、鷺と烏といった動物同士が問答し、そのなかで知足安分（足るを知り、分をわきまえること）を中心とした教訓が語られる。思想をそのまま説くのではなくて、『荘子』の寓言（たとえ話）にならって、おもしろおかしく説いたところに、庶民教化としての工夫があった。

作者の樗山は、実名を丹羽《にわ》忠明《ただあき》といい、関宿《せきやど》藩主・久世《くぜ》重之《しげゆき》に仕えた、三〇〇石取りの武士であった（中野三敏「佚斎樗山のこと」）。『田舎荘子』の刊行時点で六十九歳。つまり樗山七部書は、致仕の目安と言われる古稀（七十歳）を目前にしたところから、刊行が開始されたのである。

ところで、従来、この樗山の著作のひとつと思われてきた教訓本に、『従好談《じゅうこうだん》』（半紙本四巻、享保十四年〈一七二九〉刊）がある（中野三敏「静観房まで」）。序文には「古稀翁《こきおう》」とだけあって、氏名が記されていないが、十八世紀末ごろに作られた『書籍目録作者寄《しょじゃくもくろくさくしゃよせ》』という作者別目録には、佚斎樗山の著作として記されている。たしかに、享保十四年〈一七二九〉の時点で「古稀」であれば樗山にほぼ等しいし、本書に跋文を寄せる「市南逸民《しなんいつみん》」なる人物や、版元である「和泉屋儀兵衛《いずみやぎへえ》」などの名前も、樗山の著作に見える人たちなので、このように考えられたのも無理はない。

しかし、さまざまな資料を調査した結果、『従好談』の著者「古稀翁」とは、岩田《いわた》彦助《ひこすけ》

（寅斎《いんさい》）なる人物であったことが判明した（川平敏文「岩田彦助の人と思想」）。彦助は、川越藩主・秋元喬知《あきもとたかとも》に仕えた、七〇〇石取りの武士。もと徳島藩の浪人で、秋元家には、月俸二石二斗五升（一五人扶持、石高にすれば二七石）という微禄で召し抱えられた新参者であった。しかし彼は異例の出世を遂げ、ついに川越藩の江戸家老にまで昇りつめた。『従好談』が発刊されたとき、七十二歳。「古稀翁」を自称するにふさわしい年齢である。

このように、樗山と「古稀翁」はまったくの別人であったわけだが、ただし興味深いのは、樗山と彦助との類似点で、上述した周辺人物の重なりのほかにも、両者には混同を招きやすい、いくつかの共通する要素があるのだった。

それは樗山と彦助の、いわば「社会的属性」である。「社会的属性」とは、年齢や身分、どのような主家に仕えているか、といったことである。それを簡単にまとめたものが、次の表だ。なお、俸禄や主家の石高などは年次によって変動するので、ここでは『従好談』が刊行された享保十四年（一七二九）の時点で比較する。

まず、「身分・俸禄・年齢」を見ると、身分はどちらも武士で、俸禄は彦助の方が上であるが、年齢はほぼ同じ。

次に「主家とその家格」を見ると、彼らが仕えていた久世家・秋元家はともに譜代大名であり、石高もほぼ等しい。江戸城内の殿席（伺候席）は雁間《がんのま》。つまり両家は、ほぼ同格の家であった。

	身分・俸禄・年齢	主家とその家格	老中在任期間
樗山	関宿藩士、三〇〇石、七十一歳	久世家（譜代大名、六万三千石、雁間詰）	正徳3・8・3〜享保5・5・27
彦助	川越藩士、七〇〇石、七十二歳	秋元家（譜代大名、六万石、雁間詰）	元禄12・10・6〜正徳4・8・14

樗山と彦助の社会的属性

執筆の年齢と動機

譜代大名は、幕府の最高職である「老中」を輩出できる家柄であるが、樗山が最も長く仕えた久世重之、そして彦助が最も長く仕えた秋元喬知は、それぞれ老中職を務めている。「老中在任期間」としたのは、その具体的な時期を示したものであるが、正徳三年（一七一三）八月から同四年（一七一四）八月までの一年間は、任期が重なっている。

このように、樗山と彦助の二人には、幕政に深く参与した主君に仕えてきたという共通点があった。つまり二人は、当時の武家社会のなかでは、幕臣ではないけれども、かなり幕府に近い立場にあったということである。

ここにもう一つ、別の例を加えてもよい。『塵坑集《じんこうしゅう》』（半紙本二巻、享保三年〈一七一八〉序、同六年〈一七二一〉刊）を著した、紀州藩士・渋谷《しぶや》幽軒《ゆうけん》である。『塵坑集』は、学問・文学・芸道などさまざまな分野について、自分の考えを述べた教訓本で、内容的には『従好談』に類似している。また本書は、のちに『田舎小学《いなかしょうがく》』（半紙本四巻、享保十年〈一七二五〉刊）と改題・増補して刊行されもした。

さて、『南紀徳川史』巻一五九によれば、幽軒は通称儀平、名佳成、「寛文八年、龍祖（徳川頼宣）の御隠殿へ召され通番《とおりばん》（表小姓《おもてこしょう》）となり、後、大小姓《おおごしょう》に補す。宝永二年十一月退隠、享保十八年七月卒、年八十五」とある。これを見れば、彼は紀州藩の老臣で、藩主の側近に仕えた人であったらしい。正確な石高は未詳であるが、大小姓という役職からすれば、中・下級クラスの藩士であったろう。

没年齢から逆算すれば、彼が『塵坑集』を執筆した享保三年（一七一八）は、七十歳（刊行時は七十三歳）。年齢といい、「御三家」である紀州徳川家の家臣という立場といい、樗山や彦助と近似している。

こうして見てくると、彼らの著述が、内容的にどことなく似通った雰囲気をもっているのは、その「社会的属性」によるのではないかと思われてくる。すなわち、年齢の点でいえば、執筆当時七十歳過ぎであってみれば、そろそろこの世への置き土産として、家中・子孫へ訓戒を示す目線で書かれるであろうし、致仕直前（あるいは致仕後）であれば、その筆致はかなり自由に、思い切った意見や、ややくだけた内容も書けたであろう。

さらに彼らが、譜代大名の家臣、あるいは御三家の家臣であったという点、すなわち幕府に近い立場の武士たちであったことを考慮に入れると、その執筆・刊行の動機に、幕府

（吉宗）がすすめる文教政策にたいして、みずからも一役買って出ようという気概が存したことは、想像に難くない。

　このことは、以下本書で中心的に取り上げる鳩巣の『駿台雑話』が、西丸奥儒者として「引退モード」に入っていた七十五歳のときの著述であったこと、そして彼が幕儒として幕府（吉宗）の文教政策に深く関わってきたことと、まったく無関係とは思えない。『田舎荘子』『従好談』『塵坑集（田舎小学）』『駿台雑話』は、それぞれ趣向も文体も異なっているが、述作者の「社会的属性」、および述作の動機には、似通った部分があったと思われるのだ。

　ちなみに鳩巣は、岩田彦助のことを知っていた。彦助の主君・秋元喬知は、しばしば新井白石を招いて、朱熹《しゆき》の歴史評論書『資治通《しじつ》鑑綱目《がんこうもく》』を講釈させていた。そこで白石と彦助は知り合いになったようで、鳩巣は白石を通じて、彦助の評判を聞いていたのである（『可観』二、28）。

　　岩田彦作《（助）》と申す者、白石の旧友にて、学を好み候て、一見識あるものに候。この者、天道はこれなきものと埒明け申し候。それを異論と申す者、今一人これあり候て、白石へ折束仕るべしとて、先年新井氏甲府に仕へられ候時分、一日この詮議これある由。

　　（岩田彦作という人は、白石の旧友で、学問を好んで一見識ある者だ。この人は、天道というものは存在しないと主張した。それを異論だという者が別にいて、白石に仲裁を頼むというので、以前、新井氏が甲府に仕えていたとき、一日この議論をしたという〕

彦助は、「天道」〔天地自然の道理〕というものは存在しないというのが持論であった（『従好談』巻三のなかにも、それに関連する内容が書かれている）。そのことについて、ある人と論争をしており、白石にその議論の仲裁を頼んだというのである。議論の詳しい内容、それに対する鳩巣のコメントは省略するが、ともかく鳩巣は彦助のことを、「学を好み候て、一見識あるものに候」と、一目置いていた。『従好談』のことも知っていた可能性がある。

なお、彦助と樗山がそれぞれ仕えた、秋元喬知と久世重之の二人は、このころの老中のなかではめずらしく、世間的に評判が高い人たちであった（福留真紀『将軍と側近』）。鳩巣は、秋元について「秋元殿、智深く、その上廉潔なる御様子と申し候」（『兼山』一、36B、274）と言い、久世について「いまに大臣の体〔老中としての威厳〕を失はぬ人は、久世殿一人と申し候」（『兼山』四、37B、463）と讃えている。この主君にしてこの家来あり、といったところか。

西丸奥儒者へ異動

享保十年（一七二五）十二月十一日、鳩巣は老中列座のなか、月番《つきばん》老中の水野《みずの》忠之《ただゆき》から、西丸奥儒者への異動を申し渡された（『可観』一九、371）。高倉屋敷講釈の功績が認められたためという。役料は二〇〇俵で以前と変わらない。次期将軍となる家重およびその側近の教育が任務である。鳩巣は即日、「奥向の誓詞」を提出した。これは奥詰の仕事となるため、秘密をけっして外へ漏らさぬという誓約書である。

奥儒者となったことで、基本的に他大名家との往来は禁止された（『可観』一九、372）。とはいえ、それでは不都合なのでどうすべきか、若年寄から西丸御用人に転任していた石川総茂に相談したところ、それまで往来があった者を書き出して提出せよとのことであった。そこで、まず旧主家である加賀藩をはじめ、松平大和守・土岐丹後守・酒井摂津守など数十家を書き出した。すると後日回答があり、前田家のみは、年頭・歳暮・寒暑節句・重大な吉凶のときに出向くことを許すが、その他へは一切禁止。ただし、学問を習うために、先方が鳩巣の自宅に来るのは構わないとのことである。よって、他大名との交流が完全に途絶えたわけではない。

西丸の勤務は、以前とくらべて「各別に〔比較にならないほどに〕悠々とこれある」ものであった（『兼山』七、712）。鳩巣は礼幹に、出勤は隔日か三日置きでゆったりしている、近習衆も、兄か叔父を介抱するように自分をいたわってくれる、詰所には大火鉢があって、その周りで談話している、各部屋に火鉢がいくつも置いてあって、寒さを感じない、などと報告している。何よりも、本丸（現将軍周辺）と西丸（次期将軍周辺）とでは、流れる時間や空気がまったく違ったであろう。本丸はやはり政治の現場、ピリピリしていたに違いない。西丸が「寒くない」というのは、精神的な感覚でもあったであろう。

そもそも、なぜ鳩巣は西丸への異動を命じられたのか。その理由は、いちおう高倉屋敷講釈の功績が認められたためということになっているが、じっさいには、鳩巣の年齢と体調に配慮された可能性がある。

鳩巣は以前から、脱肛《だっこう》を患っていた。幼少より読書思索を好んで、長年、胃腸を傷めてしまったゆえであろうと自己分析している（『可観』二、33）。だが、そのほかの症状もいろいろあった。享保十一年（一七二六）正月下旬に、のちに『雑話』の刊行を周旋することになる、弟子で奥医師の中村玄春《なかむらげんしゅん》（蘭林《らんりん》）が診断した「医按《いあん》」（カルテ）によれば、次のような所見が記されている（『可観』一九、372）。

先生は六十九歳であるが、耳目は聡明で精神も堅固。気象はまるで壮年のようである。ただし平素軽い病があり、常にこれを患っている。上半身は「胸膈気滞」（気管支喘息）、下半身は「肛門内脱」（脱肛）である。急いで歩いたり、少し飲酒をしたりすると、息切れをおこして呼吸が苦しくなり、脱肛がひどくなる。夜、寝るときには唾液が出ず、口内が乾燥する。大便が不定期である。冬寒くなると必ず肩と肱《ひじ》が痛くなる。

去年もまたこの症状が出た。肩甲骨がひどく疼《うず》き、指先が引きつり、痺れが走ってやまない。何日かしてようやく治まる。（現代語訳）

目や耳に不自由はなく、気力はいまだに壮健であるが、喘息《ぜんそく》や脱肛、上半身の痺れなど、年相応の体の不調があったようだ。このころ鳩巣は、前漢の東方朔《とうぼうさく》が「世を金馬門に避く」と述べて、自分は宮殿のなかで隠棲しているようなものだと言っておどけたのにならい、「老夫（鳩巣）も「世を西丸に避く」と存じ候て、罷《まか》りあり候」（『兼山』八、714）と言っている。また、「来年は七十に罷り成り候はば、致仕の年にて御座候」（『兼山』八、715）と言ったりもしており、心情的に「引退モード」に入っていたのがうかがえる。

身体の不調については、これ以降、いろいろと報告されるようになる。享保十三年（一七二八）正月二十三日に、礼幹へ送った書簡には、次のようにある（『可観』二〇、388）。当年正月中旬以降、手のしびれで難儀しており、引きこもっている。そのうえ喘息で、城内を歩行するのにも息切れする。そこで先日、役儀御免を申し出て、その回答を待っている。もちろん上様のためになるものならば、地に倒れるまで勤める所存であるが、いまの状態では「何の役にも立ち申さず候て、ぶらぶら仕り罷りあり」、このまま御役料をいたずらにいただくのも心苦しい。

当年七十一に罷り成り候へば、致仕の節と存じ候。御仁恩を以て御免許下され候はば、引き籠り候て餘命を遺編に付し、死を相待ち申す覚悟に候。

致仕するにはちょうどよい節目であるから、願いが許可されれば、残りの人生を著述に費やしたいというのだ。

それから約ひと月後の二月二十一日、御側衆の大久保往忠《おおくぼゆきただ》から、今後は出勤するには及ばない、「気分も宜しき時分は勝手次第〔自由に〕罷り出るべく候。朔望〔定例の出勤日である一日と十五日〕にも、天気悪しき時分は罷り出るに及ばず候」と伝えられた（『兼山』八、716）。鳩巣は、これにて「緩々《ゆるゆる》〔ゆっくり〕保養仕るべしと、先ず先ず安堵致し候」と書いている。

こうした老いの衰えの自覚と、致仕後のゆるやかな時間のなかで、『雑話』は執筆された。樗山・彦助・幽軒らがまた、そうであったように。

病状の悪化

しかし、『雑話』の執筆が開始されるまでには、ここからさらに四年の歳月がかかることになる。その原因のひとつは、病状の悪化であったろう。

たとえば享保十四年（一七二九）七月二十八日付の書簡には、両手指が五本ともに腫れて痛みがあり、食事中に二、三度も箸を落とす、帯も自分では締められない、足も痛むので歩くのもおぼつかない、などとある（『可観』二四、461）。ただし「精神心気」は以前とさして変わらず、食欲もある、物を書くこともどうにかできると伝えるから、人の助けを借りて生活せねばならないことに忸怩たる思いはありながらも、頭脳はあいかわらず明晰であったようだ。

同年（一七二九）十月二十四日の書簡によれば、客に向かって書物を講じているほうがかえって気分がよく、かつ門人のためにもなると思って、儒書の講釈はたゆまず行っていると伝えている（『可観』二五、476）。

このころ、手指の痛みに耐えながらも、断続的に執筆を続けていたらしきものに、『論《ろん》語《ご》学《がく》而《じ》篇《へん》解《かい》』（『論語学而篇広《こう》義《ぎ》』とも）という注釈書がある。前述の享保十四年（一七二九）七月二十八日付書簡に、完成間近のところで執筆を中断していたが、「朱子以後、かくのごとく『集《しっ》註《ちゅう》』を詳《つまび》らかに見申す人は、老夫（自分）が外《ほか》あるまじく候。一篇にてものこし置き申したく候」（『可観』二四、463）とある。これだけは、という思いがあったようだ。

それがようやく脱稿したのは、約二年後の享保十六年（一七三一）四月であった（『可観』二七、508）。四、五字も書くともう手がこわばるため、手を休め休め執筆している。だから半丁書くのに一日もかかってしまう、と嘆いている。

ちなみに、該書はほとんど流布しなかったようで、国立公文書館内閣文庫に所蔵される『論語集註《ろんごしつちゆう》 広義《こうぎ》』（写本一冊、昌平坂学問所旧蔵）が、現在、私の確認できた唯一の伝本である。

このように筆を持つ手もままならないなかで、鳩巣は次の仕事として、『雑話』の執筆を始める。まさしく最後の力を振り絞って、本書の完成に邁進《まいしん》するのである。

2 談義本と随筆のあいだ

『雑話』の執筆と構想

『雑話』がどのような執筆・推敲・清書などの過程をたどったかは、『可観』に収められた鳩巣およびその門人たちの書簡によって、かなり詳しく知ることができる。森銑三「駿台雑話の成るまで」は、それを時系列に沿って整理した論文であるが、以下これを参考にしつつ、適宜所見を加えていきたい。

鳩巣が本書の執筆を開始したのは、『雑話』巻五－七「壬子《じんし》試筆《しひつ》の詞」によれば、享保十七年（一七三二）正月からということになる。しかし門人の小寺遵路に送った書簡によれば、じっさいには前年の秋ごろからであったようだ（『可観』二七、523）。また本書簡には、その経緯が以下のように説明されている。

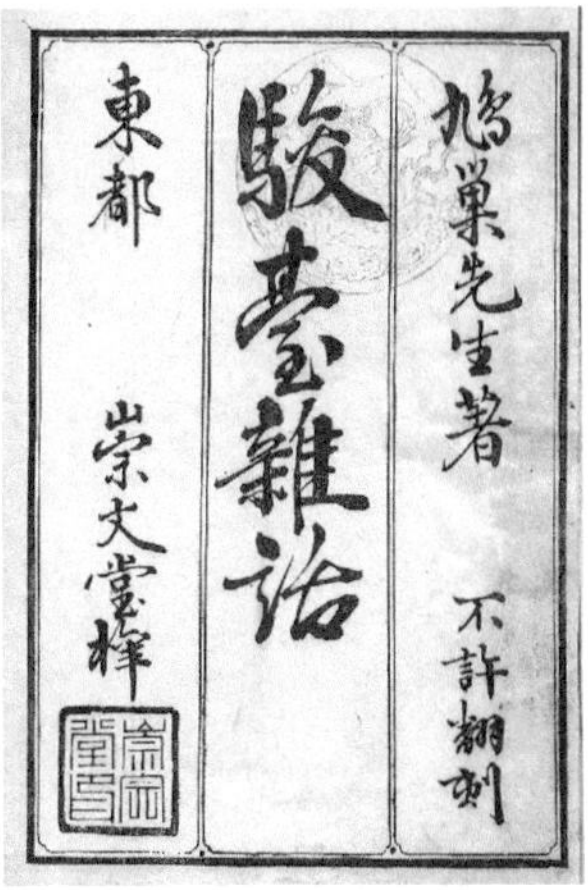

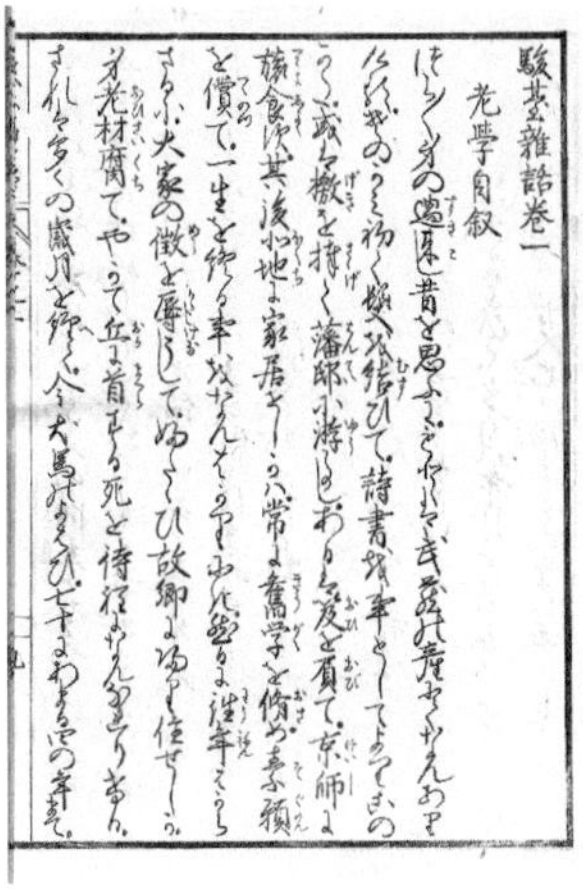

上／『駿台雑話』10冊本
右／同上：見返し
左／同上：巻一

ある本屋が長年、鳩巣のもとに、「仮名」で書いたものがあれば何でもよいので刊行したいと願い出ていた。「仮名」というのは漢字仮名交じり文を指し、漢文ではないもの、つまり一般向けの和文著述ということである。この本屋は、後に本書の版元となる江戸の崇文堂・前川六左衛門であろうか。

ところが、鳩巣にはそのような著述がなかった。よってそのままにしていたところ、享保十六年（一七三一）、本屋がしきりに望んでくる。そこで、仮名で書けば一般人も面白く読んでくれるだろうし、結果的に「人の為」になり、またよく売れれば「書肆《しょし》〔本屋〕のため」にもなるだろうと思い、ふと筆を執った。すると「やめがたく」なってしまって、現段階（翌十七年〈一七三二〉八月四日）で紙数二五〇〜二六〇枚ほどになった、という。腕の痺れのため、筆が滞りがちであった鳩巣にしてみれば、驚くべきペースである。書き始めると、思いのほか筆が乗ったということであろう。

だが、思い返してみれば、鳩巣がこのような書を構想するきっかけは、かなり早くからあったのではないか。享保四年（一七一九）ごろ、鳩巣は、書家の佐々木万次郎《ささきまんじろう》（玄龍《げんりゅう》）を介して、このときまだ二十代前半であった秋月藩主・黒田長治《くろだながはる》から、経書を講じてほしいとの打診を受けた（『可観』八、165）。そこで『孟子』を講義することになったのであるが、長治が言うには、経書の講義だけではなく、「何とぞ平生の心入れ〔ふだんの心構え〕にも罷り成り、仕置〔政治〕の心得にも罷り成り候事共《ことども》を、御異見にも預かり候様に仕りた」いとのことであった。そこで鳩巣はある日の講釈で、『孟子』の「余意」として、『雑話』巻一－七にも収録されている「葉公《しょうこう》の龍」の話をした。

むかし中国に葉公という人がいた。この人はたいへん龍を好んで、天下の画工を集めてその姿を描かせ、賞玩していた。いつか本物の龍を見てみたいと思っていたところ、その願いが実現し、窓から龍が覗き込んできた。ところが葉公はそれを見て、恐れおののいて家の奥へ逃げ入ってしまった、という話。

鳩巣はこれを引いて、聖賢の立派な言葉や行動は、書籍のうえでは面白く思われるものだが、もし本物の聖賢が現れたときに、自分がどのように対応できるかは想像がつかない、と説いたという。すなわち、自分が身につけた学問が本物であったかどうかが、このときはっきりするのであり、ふだんからそういう覚悟をもって勉強しなければならない、ということだ。

鳩巣にはこのように、経書の内容を敷衍《ふえん》しつつ、平易に説かねばならない機会があった。吉宗や家重への御前講釈においても同じであったろう。このような長年にわたる侍講の経験は、『雑話』のなかで十分に発揮されたに違いない。

また、『鳩巣』や『可観』のなかには、のちに『雑話』の基になったと思われる話が少なからず見受けられる。たとえば次のような人物たちの逸話。いま、対応関係を簡単に示してみる。『鳩巣』『可観』の巻数表示の次に（　）で示している数字は、翻刻本（続史籍集覧本、加越能叢書本）の掲載頁を示す。

杉田壱岐《いき》　『鳩巣』巻上（15）――『雑話』巻三‐三「杉田壱岐」
大久保彦左衛門　『可観』巻二（48）――『雑話』巻一‐一三「妖は人より興る」
井上新左衛門　『可観』巻一（11）――『雑話』巻四‐八「大仏の銭」
青木方斎　『可観』巻三（56）――『雑話』巻三‐五「阿閉掃部《あとじかもん》」
佐野宗綱　『可観』巻五（91）――『雑話』巻二‐一一「仁は心のいのち」
板倉重宗　『可観』巻一〇（205）――『雑話』巻四‐一「灯台もとくらし」
結解《ゆげ》勘兵衛　『可観』巻一〇（213）――『雑話』巻三‐一二「結解の何がし」
本阿弥光悦　『可観』巻一二（240）――『雑話』巻二‐一〇「仏になるやう」

これらの逸話は、鳩巣が門人たちに書簡として書き送ったり、じっさいに面会して話したりしていたものと考えられる。つまり、鳩巣の頭のなかに「アーカイブ」されていた話を、ふたたび掘り起こしたものということになる。

『雑話』の執筆開始時期は、享保十七年（一七三二）正月である。しかしその準備は、鳩巣のこれまでの経験のなかで、着々と進められていたと言えるのである。

「はなし」としての『雑話』

享保十七年（一七三二）五月二十三日付の書簡に、鳩巣は『雑話』の執筆について、次のように語っている。五月ごろには、だいたいの骨格ができあがっていたようだ（『可観』二七、520）。

私が執筆中の「仮名物《かなもの》」ですが、もう少しで完成です。上中下、三巻ほどになるでしょう。これは仮名書きではございますが、私の学問の始終、また考究のあらましを述べ尽くしました。そのうえ、誰が読んでも理解できるようにと、まずは「俗人〔一般人〕をさとし申すべき為に、かな書きにいたし、至極引きさげて〔とても平易にして〕説き申し候」。（中略）この書が世に出れば、世間の人も好んで読むことだと思います。「中にはなしなど交へ候て、をかしく仕立てたる物に御座候」。道徳のことを、世間一般の言葉でこれだけ平易に語った書は、これまでにないはずです。（現代語訳）

本書簡にはこのほか、手が不自由であるから今後の原稿整理が大変だろうこと、西丸の御側衆とも相談して、完成すれば上様へ献上するつもりであることなどを伝えている。

この時点で書名はまだ決まっていなかったようだが、鳩巣はこの「仮名物」に、かなり手応えを感じていたらしい。とくに「はなし」を交えて、面白く仕立てたと言っている点に注意したい。

佐竹昭広は、『天正十七年本節用集《てんしょうじゅうななねんぼんせつようしゅう》』に「咄（ハナス）雑談」とあることなどを根拠にして、「はなし」とは、たんなる「話柄」という意味ではなく、「肩のこらない雑談、くつろいだおしゃべり」であるとした（『古語雑談』）。だから、「はなし」は面白くなくてはならないのであり、「真面目な＋はなし」などという言い方は、本来ありえないのだという。

近世には笑い話を集めた「噺本《はなしぼん》」というジャンルがあるが、この「噺」にもそのようなニュアンスがある。『噺物語《はなしものがたり》』（延宝八年〈一六八〇〉刊）の序文には、

（あなたがいま語ったことは）予想外の戯言《ざれごと》である。そのようなことを「咄《はなし》」というのだ。世の噂にも、真実らしからぬことを人が語れば、「それは咄であろう」などという。これによっても弁《わきま》え知られたい。（現代語訳）

とある。この定義によれば、「咄」とは、諧謔的・虚構的要素をもつ話柄ということになろうか。

鳩巣が「はなしなども交へ候て、をかしく仕立て」たと言っているときの「はなし」も、これに準じて考える必要があろう。『雑話』にはたくさんの故事や逸話が引用されている

が、そこには上のような意味での「はなし」が含まれているということである。

このことは、享保十七年（一七三二）閏五月二十九日の書簡でよりはっきりとうかがえる（『可観』二七、522）。この書簡のなかで鳩巣はまず、「仮名書きの物」がだいたい脱稿し、五巻くらいになりそうなこと、書名を「駿台嘉話」と名付けるつもりであること、などを伝えている。先には三巻くらいと伝えていたので、ひと月のあいだに大幅に加筆されたことが分かる。

また、このとき書名は「駿台嘉話」とする予定であったが、九月二十六日付書簡には「駿台雑話」の呼称が見えるので（『可観』二七、526）、この四ヶ月ほどのあいだで現在の書名へと落ち着いたようだ。

さて、閏五月二十九日書簡では、うえの脱稿の報告に続けて、

> この書、をかしき仕立てにし候物に候。狂言綺語を仏縁に仕り候事、釈氏に申す事にて候。この書もちと、その気味これあり候。
> 〔この書は、面白い仕立てにした。狂言綺語を仏縁にするということを、仏教ではいう。この書も少しその気味がある〕

と言う。「狂言綺語」とは、いつわり飾った言葉、転じて物語・小説などの文芸の意。

仏教ではそれを入口にして、最終的にまことの道（仏道）に教え導くという方法がある。「うそも方便」という諺《ことわざ》がそれである。『雑話』にもそのように、読者をまことの道（儒道）に引き入れるために、「はなし」を取り入れているというのである。

じつはこれこそ、佚斎樗山を元祖とする談義本の叙述方法であった。樗山は『田舎荘子』巻下「荘子大意」のなかで、『荘子』で使われる「寓言」の方法を解説して、

（荘子は）あやしい、たわぶれ話を書くこともあるが、その裏には深い道理が寓されている。物を借りて人の耳に入りやすくし、人の眠りを覚まさんがためである。（現代語訳）

と書いている。

飯倉洋一は、こうした「寓言」の方法に学びつつ、かつ、問答・談義・咄といった談話の「場」を意識的に取り込んだ仮名読み物の一群を、当時の出版業界で使われていた名称にならって「奇談」と呼んでいる（「近世文学の一領域としての「奇談」」）。その「奇談」の中核をなすのが談義本というジャンルであった。鳩巣が『雑話』を執筆したのは享保十七年（一七三二）で、「奇談」の草創期にあたるが、『雑話』がそういった仮名読み物の「トレンド」を意識していたということは、先述した樗山・彦助・幽軒などとの類似性を考え

ても、十分にありうることである。

後述するように、鳩巣は『雑話』を出版することについて、はじめは前向きであったが、次第に慎重な態度を示すようになった。その理由のひとつは、本書が家重・吉宗に献上されることになり、その許可を得なければならないこと、もうひとつは、本書を軽々しく出版することで、「世にはやり候、近来かな書きの物なみに、世人意得《こころえ》候も本意なく候」というものであった（『可観』三〇、567）。いま流行りの仮名物と同列には扱われたくないというのであるが、この言葉が逆に、その類似性を自覚していたことを物語ってはいまいか。

本書はふつう「随筆」と分類される。巻頭言に「ただ、そのかみ〔以前〕語りしままに叙録《じょろく》」したというのに従えば、たしかにそうである。だが、かといって現実の「雑話」を忠実に再現したとみるのは、あまりに短絡的であろう。そこには「随筆」あるいは「雑話」というスタイルをとった「創作」がある。その意味では、創作の度合いこそ違え、樗山らの著述とも隣接する部分があった。このようにみることで、十八世紀前半の言論空間における『雑話』の座標が、はっきり定められるのである。

『雑話』の献上と刊行

こうして『雑話』は、享保十七年（一七三二）八月には下書きが完成した（『可観』二七、523）。閏五月における脱稿の報告とあわせて考えれば、これは二次稿本ともいうべきものであろう。

この書簡のなかで鳩巣は、本書のことを西丸の近習衆へ少しだけ話したら、それは上様（家重）の「御慰み」にもなろうというので、出来あがり次第献上することになったこと、またそうなれば、本丸の吉宗へも献上せねばならないだろうこと、などを伝えている。

鳩巣は、

> もっとも、それほど上様の御用に立つとは思われない代物ですが、少々政治のこと、風俗のことに関連する内容もあるので、上覧に及んでも見苦しくないほどのものではありましょう。（現代語訳）

と、いささか謙遜気味に述べている。そこで、出版のことはしばらく差し置いて、まずは献上することを優先し、急いで下書きを済ませたのだという。また、その清書は筆耕（書物の清書をする専門家）に頼もうかと思ったが、筆耕は「ただ、はかやりに（速さ優先で）調ふる書体、殊の外疎（粗）末なる物に候」ゆえ、弟子たちに手分けして頼みたい、などと書いている。

さらに書簡の最後には、『雑話』の内容について次のように語っている。

仮名書きのものは、人々は浅薄なものと思って、あまり念を入れて読まないものですが、この書は「義理の精しきもの」〔道義を詳しく書いたもの〕で、繰り返しますが、「老拙〔私の〕学問は、これにてすきと〔すっきりと〕」知られるはずです。しかも「世の諺、浅はかなる物語」〔世俗の諺や、取るに足りない話〕なども載せておりますから、誰が見ても面白いものでございます。〔現代語訳〕

この文面からは、本書に対する鳩巣の自信のほどがうかがえる。

ところで、先の書簡で鳩巣は、門人に手分けして清書してもらいたいという希望を書いていたが、さまざまな事情によってそれはかなわず、結局、自分自身が不自由な手を酷使して、ゆっくりと清書を進めていた（『可観』二八、529）。

それから約二ヶ月後の十月十五日、『雑話』の全冊を読み終えた小寺遵路は、とても面白く、行き届いた内容なので、「早々、世に流布候様に仕りたき物に存じ候」と鳩巣に言った（『可観』二八、537）。それに対して鳩巣は、それはその通りなのだが、本書は両上様に献上することになったので、まずこれを第一にと思って書いている。刊行はそのうえのことで、ご意向をうかがわないといけない、と答えたという。遵路は、本書が世間で必ず話題となると予感し、興奮を抑えきれない様子であるが、鳩巣はあくまで冷静に対処している。

鳩巣自身によって、ゆるゆると進められていた清書本は、享保十八年（一七三三）正月にようやく完成し、（『可観』二九、550）、二月には西丸の家重へ献上された（『可観』二九、561）。いっぽうその元になった下書き（二次稿本）のほうは、甥の大地昌言へ回送された（『可観』二九、550）。副本の作成を要請するとともに、金沢の門人たちへ伝写させるためである。

鳩巣は自邸に見舞いに来た西丸の御側医者から、本書が家重の御意にかなったとの報告を受け、「首尾宜しく御座候」〔うまくいった〕と伝えている（『可観』二九、561）。西丸では『雑話』が読み上げられ、御側医者なども聴聞したという。

また、三月に青地礼幹へ送った書簡によれば、内々の者に伝写される分は構わないが、本屋の手に渡ってしまうと、「利の為に、はや刊行仕り候間」〔利益を得るために、すぐに刊行してしまうから〕、外へ広く出ないようにしてほしいとも言い添える（『可観』二九、567）。

写本という文化のない現代のわれわれには、このあたりのニュアンスはなかなか理解しにくいところであるが、刊行して一気に流布するよりも、奏進本というお墨付きのもと、写本としてゆっくりと流布するほうが、より自分の真意が読者に届くはずだ、と鳩巣は考えたようである。『雑話』が成稿後、弟子の中村蘭林の周旋によって刊行されるまで、じつに約一八年の時間を要したのは、鳩巣のこうした意向もあった。

文章へのこだわり

最後に、『雑話』の清書をめぐる弟子たちとのやり取りのなかで、興味深いと思われる点をひとつ紹介しておこう。それは鳩巣が、仮名遣いや文章表現について、強いこだわりをもっていたということである。

まず前者、仮名遣いの例。鳩巣は、大地昌言へ副本の作成を頼んだ書簡のなかで、文字の大小や字配りは変えてもらってもよいが、「かな遣《づかい》のちがひは、これなき様にいたしたく候」と言い、「を・お」「え・へ」「う・ふ」なども、下書きのとおりに再現してもらいたい、もし前後で相違しているところがあれば改めてほしい、と念押ししている（『可観』二九、550）。

古典学者の契沖《けいちゅう》は、その著『和字正濫鈔《わじしょうらんしょう》』（元禄八年〈一六九五〉刊）において、それまで通行していた仮名遣い（定家仮名遣い）を補訂して、古代の文献の用例に則った仮名遣い（契沖仮名遣い）を示した。鳩巣の仮名遣いは、たとえば契沖仮名遣いで「ゆゑ（故）」とするところを、すべて「ゆへ（故）」と表記しているなど、必ずしもその成果を参照したものではない。しかし当時の儒者にしては、仮名遣いの法則にかなり意識的であったということは言えるだろう。このことは第六章に述べる、鳩巣の和文への態度という問題にもつながっている。

次に後者、文章表現の例。先述のように、鳩巣は門人たちに、自著の厳密な書写を注文したわけであるが、その逆、つまり門人たちが鳩巣に、事実関係や用字法などの不審箇所を問いただすこともあった。その一つに、巻三－三「杉田壱岐」の表現に関する事項がある。

この話のなかに、杉田壱岐が主君への諫言のため、「そのまま脇指《（差）》を抜て、うしろへなげすて」るという場面がある。青地礼幹はここに、

> 「抜」の字、或いは「取」の字たるべきか。常語に「抜」とも申し候へ共、「取」と申す方、然るべきか。

というコメントをつけて鳩巣へ返した（『可観』三〇、568）。「抜」ではなくて「取」のほうがよいのではないか、ということである。「抜」だと、刀身を鞘から抜いたように思われるからであろうか。それに対する鳩巣の返答は、こうであった。

> 御尤《ごもっとも》に候へども、「取」と申し候へば、語勢緩《ゆる》く候。これはそのまま「抜」、然るべく候。

たった一字の違いであるが、たしかに「取」よりは「抜」のほうが、壱岐が決死の覚悟で、脇差を鞘ごと抜いてうしろへ放り投げた感じが、よく伝わるように思われる。

『雑話』にはこのように、鳩巣の文章へのこだわりが反映されていた。「雑話」という書名からは、あまり構成や内容にこだわらず、思いつくままに記したという印象もあるが、鳩巣が執念を注いで文章を彫琢《ちょうたく》し、完成させた書だったことは疑いない。

第四章　異学との闘い

1　「正学」の思想

『雑話』の「図取り」

日本教育史研究の草分け・石川謙が、昭和十六年（一九四一）に出版した小冊に、『慎《しん》思《し》録《ろく》より駿台雑話へ』がある。そのなかで石川は、『雑話』の当時における受容をめぐって、次のように述べている。

> （文体など）色々な特色のために『駿台雑話』は、屢々《しばしば》国文の模範として国語読本の中に取込まれて、その文章の側から世の人々に親しまれて来てゐる。そのために返（却）って、この書の全体の構への土台を成してゐる大切な図取り、即ち倫理思想の学問的体系が、あまりにも完全に見落とされて来たことは、著者の鳩巣に対して何とも気の毒な限りである。

戦前において、本書に期待されたのがその和文としての実用性であったこと、そのために、国語教科書の定番教材となっていたことは終章に述べるとおりであるが、石川はそのために、本書の土台となっている大切な「図取り」、すなわちその思想的な枠組が、完全に見失われてしまっていることを遺憾とするのである。

では、その思想的な枠組とは、具体的には何を指すのか。それはむろん、鳩巣が信奉した朱子学である。われわれは、江戸幕府が基本的に朱子学を奨励したこと、また幕末・明治まで朱子学派が存続したことを知っている。しかし十八世紀初頭、朱子学は必ずしも盤石な地位にあったわけではない。『雑話』の序文「老学自叙」（巻一―一）には、朱子学の存亡に対する危機意識が表されている。

> 江戸開幕から百年、太平の世の中が久しく続き、文化が次第に開けてきて、儒学を教える者が出てきた。その学問の良し悪しはさておき、ただ程朱《ていしゅ》（宋の程顥《ていこう》・程頤《ていい》・朱《しゅ》熹《き》）の学問を堅く尊信して、古い模範を失わなかったことをひとつの幸いとしてきたが、近ごろ「俑《よう》作る人」（悪例を始めた人）がいて、一家を立てて徒弟を集め教授した。さらにその後、「老姦《ろうかん》の儒」（年配のしたたかな儒者）が出て、先の者の上に立つべく、暴論をほしいままにし、忌み憚ることがない。一犬が虚を吠えれば万犬が応ずる習いであるから、邪説や暴論が世に盛んになったのも無理はない。まことに儒道にとっての不運と言わなければならない。（現代語訳）

ここでいう「俑作る者」とは、朱子学に初めて真向から対峙した伊藤仁斎《じんさい》を指す。そしてその上に立とうとした「老姦の儒」とは、仁斎のあとに出た荻生徂徠を指すのであろう。このことは、『雑話』の最終話「壬子試筆の詞」（巻五－一七）にも言葉を変えて述べてある。

儒教が世に行われなくなって、人々が道義に疎く、利欲に敏くなったために、五常（仁・義・礼・智・信）の道が廃れて、風俗が日々廃れていったのは悲しいことである。（中略）世に老先生とか、年功の儒者とか呼ばれる人が、異説をほしいままにし、または他の教えの道を交えて、仁義をはじめとする五常の道をよそにするのは受け入れがたい。ただとにかく新奇であることを競って俗人の耳を悦ばせ、時好に身を投じたものであろう。たいへん残念なことだ。古人がいう「阿世曲学」（世におもねり、学問をまげる）とは、これらを言うのであろう。（現代語訳）

五常の道をよそにした議論を展開したというのは、後述のように、具体的には徂徠学派を指している。つまり、『雑話』の最初と最後が、このような「阿世曲学」の徒への批判となっているのであって、じつはこの異学批判こそが、『雑話』の首尾一貫したテーマと言えるのであった。

享保十六年（一七三一）二月十四日付で、甥の大地昌言に送った書簡に次のようにある

（『可観』二六、501）。

只今江戸・京都の学、邪説流布、大筋を取り違へ、後学を誤り申し候。もとより「大《たい》厦《か》頽《くず》るるを一木《いちぼく》にて支へん」と欲する様なる事に候へども、老父をば年齢故《ゆえ》、少々人も信じ申し候故《ゆえ》、責《せめ》て少しなりとも正学の筋、門下に残り申し候へば本望に存じ候。

〔ただいま江戸・京都では、邪説が流布し、大筋を取り違えて、後学を誤っている。もとより「大厦頽るるを一木にて支へん」とするようなものであるが、私が老齢であるから か、少しばかり私の教えを信じる人もいるので、せめてわずかではあっても、正学の筋が門下に残れば本望だと思っている〕

「大厦頽るるを一木にて支へん」とは、大きな家が崩れるのを、たった一本の木で支えること。京都や江戸における「邪説」の大流行を前にして、それに無謀にもあらがっているというのである。鳩巣はこの「大厦の一木」の喩えをよく使う。

ところで、鳩巣はここで「正学の筋」が、せめてわずかではあっても、門下に残れば本望だと書いている。「正学」とは、もともと「正しい学問」という意味で、特定の学派を指すものではない。しかし鳩巣はだいたいこの享保十六年（一七三一）ごろから、これを「朱子学」と同意で使い始める。十七世紀は、仏教との対決が朱子学の大きな課題となっており、さかんに儒仏論争が繰り広げられたが、いまや儒学内部における諸派との対決が、朱子学の直面する喫緊の課題となっていたのである。

闇斎学・陽明学・仁斎学の論点

上で鳩巣が挙げているのは、仁斎学や徂徠学といった、いわゆる「古学派」であったが、鳩巣が危機感を抱いていたのは、そればかりではない。同じ朱子学でも流派を異にする「闇斎学派」、あるいは朱子学とも古学派とも違う「陽明学派」もいた。『雑話』巻一―三「異説まちまち」の論に沿いつつ、これら諸学派が生まれた背景、あるいはその学問的特質を簡単におさらいしておこう。

ある日、鳩巣の病を見舞いに、人々が訪れた。そこで一日中、語り暮らしたが、客のなかの一人が鳩巣に向かってこう尋ねた。

現在、京・江戸において世に鳴り、門生を率る儒者の説を聞きますに、あるいはわが国の道といって「神道を雑《まじ》へて」説く者がおり、あるいは王陽明《おうようめい》の学といって「良知を主として」説く者がおります。そのほか、「古《いにしえ》の学とて、新義を造りて」説く者もおり、様々な主張は一致することなくバラバラです。どれを是とし、どれを非とすればよいのか、翁（鳩巣）におかれましてはどうお考えですか。（現代語訳）

まず、「神道を雑へて」説く者とは、山崎闇斎にはじまる闇斎学派を指す。わが国の朱子学派は、林羅山を始祖とする林家およびその門流が、いちおうその代表であるが、彼らは朱子学の思想について、いまだ踏み込んだ議論を行わなかった。それに対して闇斎は、わが国で初めて本格的に、それを探究・体認しようとした人と言ってよいだろう。その学問は非常に厳格で、しばしば有力な門人を破門することもあった。門人たちもその学風を受け継いで、激しく対立し合うことがあったが、それも彼らが真摯に朱子学に向き合っていたからであろう。

闇斎の学問の独特な点は、日本古来の道、すなわち神道を、朱子学と連結したことである。もともと近世初期の神道は、仏教との区別を明らかにするために、儒学に接近していたのであるが、闇斎はいわばその逆で、儒学の側から神道へ接近したのである。朱子学が世界に普遍的な思想であるとの思いが、日本の道である神道との符合を模索させたのであろう。そしてこの、闇斎によって祖述された神道の教説のことを「垂加神道《すいかしんとう》」という。垂加とは、闇斎が神道の師である吉川惟足《よしかわこれたり》から授けられた霊号である。

闇斎の門人には、佐藤直方《さとうなおかた》・三宅尚斎《みやけしょうさい》・浅見絅斎《あさみけいさい》・跡部良顕《あとべよしあきら》などがいる。このうち直方・尚斎・絅斎は、闇斎学のうち朱子学にかんする教説のみを継承したが、良顕は垂加神道を継承し、江戸の武家階層を中心に多くの門人を有した。

次に「良知を主として」説く者とは、陽明学派を指す。明代の儒学者・王陽明は、朱子学が説く理知的な修養方法を批判し、「良知」（道徳意識）の発現に重きを置いた、直観的なそれを提唱した。この陽明学の誕生・展開には、禅仏教が大きく影響しており、そのため林羅山など初期の朱子学者たちは、陽明学の仏教臭を非常に警戒していた。

そんな朱子学者たちの警戒をよそに、日本でこれを早期に受容したのは中江藤樹で、その後、熊沢蕃山・淵岡山《ふちこうざん》・三輪執斎《みわしっさい》といった人々がこれに続いた。

藤樹は、儒学の外側（知識）ばかりを学んで、その内側（実践）に踏み込もうとしない羅山らを「物読《ものよ》み坊主」と批判したが、このことに象徴されるように、陽明学派は、日本の「現状」に沿って教えをカスタマイズし、普及させようとする柔軟性と行動力を持っていた。たとえば藤樹や蕃山が、漢字平仮名交じりの俗文を使って、儒学の教えを広めることに躊躇しなかったことは、第二章に述べたとおりである。

三つめ、「古の学とて、新義を造りて」説く者とは、伊藤仁斎に始まる仁斎学派が相当する。仁斎はもともと朱子学者であったが、晩年、朱子学・陽明学といった後代の儒学が、儒学の原点からかけ離れた、とても抽象的な議論をしていると考えるに至った。たとえば朱子学において、「道」とは、天体の運行から人間の道徳までをつらぬく、普遍的な理念だとされるが、仁斎は、『論語』『孟子』に基づく限り、人倫日用の外には考えられないと言う。つまり「道」とは、人と人とが日常的にどのように関わり、円滑なコミュニケーシヨンを取っていくかという、その具体的な方法を指すというのである。
仁斎はこのように、朱子学以前の「古義」に立ち返って儒学を捉え返そうとした。ゆえにその門流を「古義学派」とも称するのである。仁斎の跡は息子の東涯《とうがい》が継ぎ、父の業績を整理・公開するとともに、その学問を言語・制度などの分野にまで拡充した。また、東涯の四人の弟たちもそれぞれ大名家に召し抱えられ、十八世紀初頭には、儒学界の一大勢力となりつつあった。さらに文学とのかかわりでいえば、仁斎は上述のように日常の営みを重視したので、通俗的な小説や演劇のなかにも「道」を知るためのヒントがあると考え、それらを退けなかった。

闇斎学・陽明学・仁斎学への批判

さて、客はこのように、儒学界には三つの流派があるのではないかと質問したのだが、鳩巣はまず大前提として、これらの流派の主張するところと朱子学は、根本的には通じていると言う。しかし、これらは朱子学を十分に理解しようともせず、「己が心を先だてて」、先賢の学を批判しようとしているのだとする。そして、それぞれの流派について簡単にコメントを加えていく。

「神道」を旗じるしとする人の説（闇斎学派）を聞くに、わが国の皇統に肩入れし、桀紂（古代中国の暴君）を討った湯武をも叛逆者の類だと決めつけるのだから、彼らの言う神道とは、仁義の問題とは無関係に存在するのでしょうか。「良知」を旗じるしとする人の説（陽明学派）を聞くに、仏家の仏性を儒学の明徳と並べ称し、武蔵坊弁慶《むさしぼうべんけい》を智仁勇が備わった士などと称えるのだから、彼らの言う良知とは、是々非々（善悪を公平に判断すること）の心とは別のことなのでしょうか。「古学」を旗じるしにする人の説（仁斎学派）を聞くに、『大学』を聖人の書ではないとし、孔子と釈尊の道に変わりはないなどと言うのだから、彼らの言う古学は、道徳を問題としないのでしょうか。

これらの説は、どれも私の疑問を逃れられないのです。このとき、仁義の問題を兼ね備え、内なる心と、外なる行いを合一し、古今に通じる普遍性をもつのは、ただ程朱の学問だけです。それはきわめて公正の道であって、孔孟の教えを正統に引き継いでいることに何の異論がありましょう。

（現代語訳）

闇斎学派は、主君と家臣との上下関係を、非常に固定的なものとして捉える。かつ日本の皇統は絶対的で不可変のものと考えていたから、たとえ暗愚の天皇であったとしても、中国古代に湯武が桀紂を討伐したような、いわゆる「易姓革命《えきせいかくめい》」を起こすことはできなくなる。しかし、それでは仁義の問題は宙に浮くのではないかというのが、この学派に対する鳩巣の疑問である。

次に陽明学派については、仏教と見紛うような議論を展開して、儒学の本筋を見失っていると批判する。武蔵坊弁慶を智仁勇の備わった士とするのは、熊沢蕃山『集義和書』巻一・書簡一に載る弁慶論を指している。蕃山は「かくれたる処《ところ》ありて、世人知る事まれなり」として、弁慶が源 義経《みなもとのよしつね》の奥州逃亡を助けたさいの知謀と仁愛を、具体的な場面を挙げながら称賛するのであるが、鳩巣にはそのような弁慶論と良知説とのあいだに横たわる懸隔が、どうにも埋まらなかったものらしい。

そして、仁斎学派が『大学』は聖人の書にあらずと言っているというのは、『語孟字義《ごもうじぎ》』巻下「大学は孔子の遺書に非ざるの弁」などを指している。また孔子と釈尊の道に変わりがないというのは、仁斎の「浮屠《ふと》〔仏者〕道香《どうこう》師を送る序」に、「道」というのは「天下の公道」で一つしかなく、儒学も仏教もその上に立脚する学問であるとし、「師〔道香〕の道、吾〔仁斎〕が道、豈《あ》に二つ有らんや」（『古学先生文集《こがくせんせいぶんしゅう》』巻一）などと述べていることを指すのであろう。鳩巣は仁斎のこうした発言を挙げて、自己の内面を省察し、道徳を涵養するという側面がおろそかになるのではないかと批判する。

そうして、これらの問題点をすべて包摂する建て付けとなっているのが、朱子学であるというのである。ただし上の引用文のあとには、明代に陽明学が起こったように、朱子学を奉ずる者が議論をもっぱらにして、実践を伴わなかったことについては反省すべき点もあり、「ふかく慎むべき事にこそ」と付け加えている。後述するように、この点は鳩巣の「朱子学」を考えるうえで重要なポイントである。

徂徠学の論点

続く「心のめしい」（巻一－四）では、座中の別の者が、最近耳を驚かすような説を聞いたとして、それを一同に報告する。その説とは、「道は天地から出たものではなく、聖人がこしらえたものである」「道はものごとの当然の理というものではなく、文雅風流のことである」「五倫のうち夫婦の親しみのみが天性にかかるもので、忠や孝は聖人が作り出したものである」といったもの。古より邪説というものは多くあるが、これほど聖人の教えに離反するものは聞いたことがない、と言って、みんなで笑ったという。

これらの説は、荻生徂徠の『弁道《べんどう》』『徂徠先生答問書《そらいせんせいとうもんしょ》』に見える説である。徂徠は、李《り》攀龍《はんりよう》・王世貞《おうせいてい》といった中国明末の古文辞学派の文学論に影響され、その議論を経書の研究に応用して、独自の学問を形成・展開した。よってその学派は徂徠学派とも、古文辞学派とも呼ばれる。

徂徠が朱子学を批判した手法は、基本的には仁斎と同じで、朱子学以前の儒学のありかたに立ち返ろうしたもの。徂徠は当然、仁斎の手法に影響を受けたのであるが、しかしそこから導き出された答えは、仁斎学の「邪説」をもはるかにしのぐ、衝撃的なものであっ

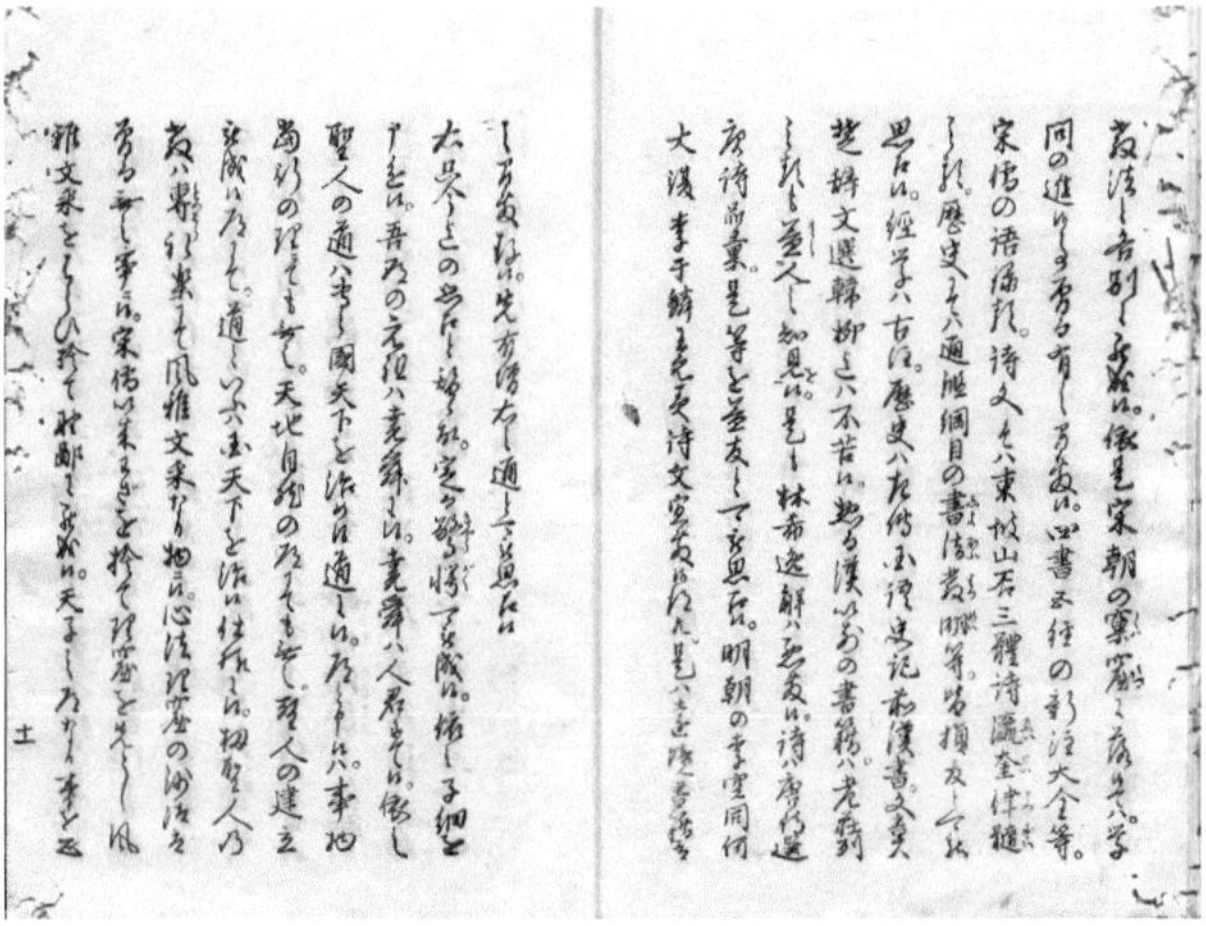

『徂徠先生答問書』巻下（九州大学雅俗文庫蔵）

た。

徂徠に言わせれば、朱子学・陽明学のみならず仁斎学も、その手法や程度に違いはあれど、個人の「内面」に期待をかけ、その向上を目的としている点では同じ穴の貉《むじな》であった。徂徠学がこれらと決定的に違うのは、個人の「内面」にかかる問題は儒学の主目的から切り離し、その「外面」に広がる諸問題、すなわち礼法や制度の設計・運用という部分に、儒学の目的を焦点化したことである。

『雑話』のなかで挙げられている徂徠学の論点のうち、まず「道は天地から出たものではなく、聖人がこしらえたものである」「道はものごとの当然の理というものではなく、文雅風流のことである」の部分は、『徂徠先生答問書』巻下に、次のようにある。

道というのは、ものごとの当然の道理でもなく、天地自然の法則でもなく、聖人の建立されたもので、国家・天下を治めるための制度に他ならない。そして聖人の教えとは、もっぱら礼法と音楽のことであり、風流瀟洒《しょうしゃ》なものであった。（朱子学でいうような）心の修練や遠大な理論では、けっしてない。しかるに宋儒以来、具体的な事象を捨てて理論を優先し、風流瀟洒を捨てて野卑なものになってしまった。（現代語訳）

鳩巣が『徂徠先生答問書』を見ていたことは、享保十二～三年（一七二七～二八）ごろの、弟子の蘆東山《あしとうざん》に宛てた書簡に次のようにあることで知られる。これまでほとんど紹介されていない資料なので、原文もあわせて掲載しておこう。

当地（江戸）では、徂徠が異論暴言をなしております。（徂徠は）このごろ『学則《がくそく》』というものを刊行しました。きっとそちらへも、おいおい届くことでしょう。そのほか、奥羽庄内の学士へ贈った仮名書簡（『徂徠先生答問書』）を見ました。あまりに奇怪な説と思いましたので、写し置きました。（中略）なかでも耳を驚かせたのは、道は天地のことではなく、ものごとの道理でもなく、聖人が作ったものだということ、人の気質が変化するのは無理であること、そのほか、朱子は『詩経』のことはまったく分かっておらず、蔡沈《さいちん》の『書注《しょちゅう》』（『書集伝《しょしゅうでん》』）は他愛もないものだ、といった言説です。

とんでもない大害で、けっきょく俗っぽく、論ずるに足りないものですが、世間の人々にこれを喜ぶものが往々あるのは、衰世の俗習だと思います。（現代語訳）

（当地、徂徠子異論横議可有御座《ござあるべく》候。頃日『学則』と申物を致刊行《かんこういたし》候。定て其《その》御地へも追付可参《まいるべく》候。其外、羽州庄内之学士へ贈候俗書見申候。餘《あまり》に怪説に存《ぞんじ》候て、写し置申候。（中略）就中《なかんづく》驚耳《みみをおどかせ》候は、道は天地には無之《これなき》物に候由、事物当然之理にても無之《これなく》候、聖人之作られ申物之由、気質変化と申事無理成《むりなる》事に候由、其外朱子は詩経之義は夢にもしられず、蔡沈《さいちん》『書注』たわいもなき事之由。至極大害、畢竟染俗、不足申《もうすにたらざる》儀に候所、挙世《よをあげて》是を喜申者往々有之《これある》事、衰世之俗と存候）（『東山集《とうざんしゅう》』巻一、仙台市民図書館蔵）

ここで鳩巣は、『徂徠先生答問書』のなかで耳を驚かせた論点をいくつか書き送って、「至極大害」「衰世の俗」などと嘆いている。

なお『雑話』にはもう一点、徂徠の説として、五倫のうち夫婦の親しみのみが天性にかかるもので、忠や孝は聖人が作り出したものである、という説が挙げられている。これは『徂徠先生答問書』巻下に、五倫のなかで「父子の愛は天性」であるが、兄弟・夫婦・君臣・朋友の道は、聖人が作ったことではじめて人々が知ることになった道である、とある部分を誤認したのではないかと思われる。

徂徠学への批判

ともあれ、こうした徂徠学の論点に対して、鳩巣は次のように言う。

ひそかにこの説の起こりを考えるに、その人（徂徠）はもと博覧強記の儒者であった。このような人は、諸子百家を渉猟することをのみ好んで、四書六経に心にとどめることがない。ただその文辞訓詁を議論して、意味の深いところには及ばないのである。ところが自分の学問が道理に昏《くら》いことを知らず、あくまで自分の博学を自負して虚名を挙げようとするので、世間もまたこれを崇拝して、その時代を代表する儒者と思ってしまう。明末の諸儒の風はたいていこれであった。それに放蕩《ほうとう》不遜にして、人や物に対して驕《おご》り昂《たか》ぶることを良いとし、好んで大言を吐いて先賢を誇り、勢い盛んに唐宋諸儒の上に出ようとする。しかし学識ある者からすれば、その学は荀子・荘子の余毒に酔い、その文は近き世の王李（王世貞・李攀龍）の浮華を拾ったにすぎない。

（現代語訳）

鳩巣はこうして徂徠の学問を、明末諸儒の悪弊を受けたもので、論ずるに足りぬものとする。しかし、それが世俗の心を害し、世の教えを損じてしまうことは、返す返すも嘆かわしいことであり、そのため自分は菲才《ひさい》を省みず、己の信ずる道を述べるのだと言う。

このように、世間の大勢に必死に抗するみずからの姿を、先述のとおり、鳩巣は「大厦の一木」に喩える。彼は享保九年（一七二四）四月十日付書簡のなかでも、次のように言っている（『浚新』六、186）。


邪を抑え、正を崇《たっと》び、学風を護るのを、老境にある私の任務とする覚悟でございます。大厦が倒れようとするのを、とても一木で支えられるとは思いませんが、それは天命次第です。（現代語訳）

異学との闘いは、みずからに課せられた天命だととらえているのである。このほか、享保十三年（一七二八）三月二十九日付書簡（『兼山』八、717）や、「心のめしい」（『雑話』巻一–四）のなかでも、「大厦の一木」の喩えをとって、みずからの非力を知りながらも、愚直に闘うしかないという覚悟を示している。

以上、鳩巣が諸学派を批判する様子を垣間見てきたが、ここで引用した鳩巣の議論は、一部の難点をもって全体を批判するようなところがあって、けっして精緻であるとは言いがたい。その自覚もあったのか、この何話か後に置かれる「扁鵲薬匙《へんじゃくやくし》をすつ」（巻一–八）では、補足的に批判を加えている。

もっともそのなかでは、陽明学派・仁斎学派についてはかなり紙幅を割いているが、徂徠学派に対しては、題名どおり「匙を投げ」、議論をほとんど放擲《ほうてき》している（ただしその文学論については、巻五のなかで詳しく批判している）。敬虔な朱子学の徒であり続けた老年の鳩巣にとっては、闇斎学・陽明学、ぎりぎり仁斎学まではどうにか議論の土台を共有することができても、徂徠学となると、もはやその範囲を超えていたのかもしれない。

「老僧が接木」の真意

『雑話』巻一−六に、「老僧が接木《つぎき》」という話がある。鳩巣が子供のころ、江戸は谷中《やなか》のある寺の境内で、その寺の住職から聞いたという話だ。終章で見るように、本話は近代初期（戦前）の国語教科書・副読本において、「杉田壱岐」に次ぐ人気の教材であった。内容は次のようなものである。

寛永のころ、八十歳にもなる先代の住職が、庭で接ぎ木の作業をしていた。そこに、時の将軍・徳川家光が、数人の家来ばかりを連れて通りかかった。鷹狩の途中ということであった。

家光は先代の作業する様子を後ろから見て、「そなたのような者が接ぎ木をしたとて、その木が大きくなるまで生きていられるかどうか。不要な努力であるぞ」と声をかけた。その声がまさか将軍であるとは思わぬ先代は、前を向いて作業しながら、「あなたはどんな分際で、そんな心ないことをおっしゃるのか。私は後代、この寺に入る者のことを思って作業しておるのです。どうして私一代に限って考えますのか」と答える。「なるほど、もっともである」。

その後、お供の家来たちが続々と集まってきて、先代はその声の主が誰であったかに気づき、あわてて寺の奥に逃げ入った。将軍はそれを召し出して、褒美を与えたということだ。（要約）

ここから先は、教科書類では省略されることもある部分である。鳩巣は言葉を次いで言う。

いま翁（鳩巣）も、この老僧が接ぎ木するごとく、老い朽ちぬれども、ある限りは旧学〔むかし身につけた学問〕をきはめて、人にも伝へ、書にものこして、後世に至て正学の開くる端にもなり、この道のために万一の助けともなりなば、翁死にても猶《なお》いけるがごとし。

『雑話』の執筆は、決して自分のためにするのではない。後代に「正学」が開けていく、そのきっかけにもなれと思ってするのである。そうしてこの道のために少しでも役に立つことがあれば、自分は死んだとしても、なお生きているのと同じようなもの、と言うのである。

教科書類では、本話は未来志向の慈愛・陰徳の精神を語った寓話として、おそらくは読まれたのだろう。しかしじつは、本話はこのように「正学」の復活を願う文脈で語られていたのである。

2 鳩巣の儒者評判

上述のように鳩巣は、異学について厳しい論評を加えているのであるが、個々の学派については、具体的な人名を挙げて批判していない。一般向けに執筆したということのみならず、将軍・世嗣の上覧にも入れたということもあり、あまりに直截《ちょくせつ》的な表現は控えたということだろう。そのため、それらの批判は「一般論」の域をそう大きくは出ない。また、『雑話』には、みずからの属する「木門派」や、同僚の「林家・林門」の人々に対する批評も書かれていない。

そこで以下に、『兼山』『可観』『浚新』といった書簡・雑記資料を中心に、鳩巣が具体的にどのような人間関係や、儒学思想の趨勢《すうせい》の中で、このような姿勢をとるにいたったのかを考えてみたい。これらの資料には、じつに多くの学者たちの言動や、それに対する鳩巣のコメントが記されており、鳩巣の学問観・人物観を細かく分析することができる。各学派から数名ずつ紹介してみよう。

闇斎学派（1）――三宅尚斎・松田善三郎

まずは三宅尚斎。尚斎はもと忍《おし》藩儒。在職中、主君である阿部家への諫言が用いられず、たびたび致仕を願い出たが、宝永四年（一七〇七）、ついに逼塞《ひっそく》を命じられる。二年後に赦されて、しばらく江戸の地で大名家を相手に書を講じていたが、享保八年（一七二三）以後は京都に私塾を開き、在野の学者となった。

尚斎の諫言の内容は、生類憐みの令を批判したという説、主君・阿部《あべ》正喬《まさたか》の吉原遊興を批判したという二説があるとされるが（源了圓・前田勉訳注『先哲叢談』）、青地礼幹はそれとは違う説を述べている。すなわち、由緒正しい家柄である阿部家の息女と、新興の間部《まなべ》家の息との婚儀が、あまりにも家格の差を無視していると批判したというもの。真相は不明であるが、ともあれ鳩巣は、尚斎の行状を「出処見事なる儀」〔出処進退が立派だ〕と語り、称賛している（『浚新』二、42）。

鳩巣は同様の賛辞を、享保十四年（一七二九）三月十三日付書簡のなかで、甥の大地昌言へ向けても書き送っている（『可観』二三、440）。まず、三宅尚斎の元弟子・多田《ただ》東渓《とうけい》が鳩巣に入門したことを伝え、そのあと、尚斎が阿部家に直諌したため逼塞させられ、現在は京都にいることに触れる。そして尚斎について、「上方にて名望もこれある者にて候。いかさま〔まことに〕志これある者と聞こえ申し候」と言い添えている。

さらに、同じころの書簡と思われる昌言宛の書簡にも、「京にて丹次郎（尚斎）ひとり、朱学を守り正しき儒者と申候」（『可観』二四、462）と言っている。これらを見ると、三宅尚斎についての鳩巣の評価はすこぶる高く、一言も批判めいたことは言ってない。

鳩巣の晩年の弟子・蘆東山も、上述の多田東渓と同じく尚斎の元弟子であった。東山は『雑話』が刊行される直前と思われる寛延三年（一七五〇）頃、鳩巣門人の誰かに送った書簡の中で、次のように書いている。鳩巣先生は、文章と学問を兼備しているという点では、藤原惺窩・林羅山・山崎闇斎の三先生も及ばないところがある。しかし、

駿台先生御存生の内、尚斎先生を御推挙これなき事、千古の遺恨。これは慮外ながら、日本流のせばき所も相見え候様にて、小国の気習とも申すべきかな。我輩は尚更《なおさら》この気習これあり、千万恥じ入り、又嘆き入り申す迄《まで》の事に候。

〔駿台先生（鳩巣）がご存命のうちに、尚斎先生を御推挙されなかったのは、千年後まで残るほどの遺恨である。これは失礼ながら、日本流の狭い心根も見えてしまったようで、小国の気質ともいうべきか。自分（東山）はなおさらにこの気質があり、いくたびも恥

じ入り、嘆き入りするしかない」（『東山集』巻五）

と。鳩巣が生前、尚斎の才能を認めていながら、幕儒として推挙しなかったことは、まことに遺憾だとするのである。そしてそれは、「日本流」の狭い、「小国」気質でもあろうかと、わが師をかなり辛辣に批判している。

東山はあとでこれを、鳩巣がそのとき置かれていた状況をも考えず、「あまり残念なるまま」、思わず記してしまった「妄論」であると付記しているが、その真意はともかくとして、東山の目にも、鳩巣が尚斎を認めていたことは、はっきりとうかがえたのであろう。

闇斎学派の学者としては、このほかに松田善三郎《まつだぜんざぶろう》を特記しておきたい。松田は小浜《おばま》藩儒で、一五〇石取りであったことは分かるが（『小浜藩家臣分限帳』）、くわしいことは知られていない。しかし、吉宗をはじめ政権中枢からたびたび召されて、下問を受けていた人物のようである。

享保六年（一七二一）五月十九日付書簡によると、松田は江戸でよく知られた人で、人となりは「厳正」のよし、鳩巣もいつか会いたいと思っている、とある（『兼山』五、21B、515）。

この松田を、若年寄の石川総茂が召して、学問振興の方法について下問したことがあった（同）。ちょうど高倉屋敷講釈に人が集まらないことが問題になっていたときである。

松田の答えは、まずは「各々様《おのおのさま》」〔政権上層部〕が「ただ一通り」にではなく、「真実」に学問を好みなさるならば、下の者どもは自然とそれに感化されるであろう、それ以外に方法はない、というものであった。鳩巣は、「善三郎申し様、一々尤《いちいちもっと》もに存じ候。さすがと感じ申す儀に御座候」と言っている。

あるいは享保八年(一七二三)六月二十四日付・礼幹の書簡には、鳩巣の談として、去年以来、吉宗は松田をたびたび召しており、優れた学者だと考えているようだと報告している(『兼山』七、677)。また、この談話のなかで鳩巣は、江戸には徂徠以下多くの儒者がいるが、吉宗がそれらを「壱人《いちにん》も御眷顧《けんこ》〔ひいき〕」なされず、この松田を召したことで「御英明の程」がうかがえると述べている。

松田がたびたび召し出された時期は、鳩巣や徂徠が下問を受けていた時期とも重なる。儒学史のなかで松田はあまり知られていない人物であるが、当時かなり評価が高かったことは確かだ。

そのほか、闇斎学系の儒者としては、植田玄節《うえだげんせつ》(『浚新』三、52)、鈴木貞斎《すずきていさい》(『兼山』七、707)、菅野兼山《すがのけんざん》(『兼山』七、695)などが言及されているが、いずれも肯定的な評価ばかりである。これらから、鳩巣は闇斎学派に対しては、基本的に同調するところがあったものと思われる。

闇斎学派（2）――佐藤直方・跡部良顕

いっぽう、闇斎学派のなかでも鳩巣が批判している人物としては、まず佐藤直方がいる。直方を「理学者」として尊敬している大名・旗本は多いが、直方が赤穂浪士を「乱臣賊子」（国を乱す家臣）と論じたことで、自分（鳩巣）は見限ったこと、富裕だが吝嗇《りんしょく》との噂もあり、評判は賛否両論であること、そして「山崎流の高慢のくせ」（闇斎学派に多く見られる横暴な性格）があるなどとの評価を下している（『兼山』四、17B、442）。

赤穂浪士云々はむろん、元禄十五年（一七〇二）十二月十四日に、赤穂浪士四七人が主君の仇討ちとして、吉良義央《きらよしなか》を暗殺した事件を指す。直方はその著「復讐論」のなかで、浪士たちの行動を批判するのであるが、次章に見るように、これは鳩巣の立場とは正反対であり、意見が分かれたのであろう。

次に、跡部良顕を挙げよう。良顕はもと二五〇〇石取りの旗本で、享保四年に致仕し、垂加流の神儒合一思想を唱えた。鳩巣は良顕について、儒者でありながらもっぱら神道を広めていること、日本橋あたりに土地を拝領して講釈していること、仏教を散々になじっているが、禅僧などのなかには勇猛の徒もいるので、争いになるかもしれない、などを伝えている（『可観』二五、477）。そして、「衰世と申しながら、色々の邪法（正しくない教え）ども蜂起いたし、嘆かしく存じ候」と結んでいる。

前述したように、鳩巣は『雑話』のなかで、儒学と神道とを交えて説く一派があることを批判していたが、具体的にはこの良顕あたりを意識していたのであろう。また鳩巣は言及していないが、この時期、良顕とともに江戸で垂加神道の普及に努めていた人物に、良顕の弟子・伴部《ともべ》安崇《やすたか》がいる。安崇の伝書は、江戸の上級旗本を中心に広がっていたとする報告がある（綱川歩美「武蔵国北野天神社と垂加神道」）。

また少し時代が下った元文期になれば、垂加神道家・岡田《おかだ》磐斎《ばんさい》が、参勤交代で江戸在府中の肥前鹿島藩主・鍋島直郷《なべしまなおさと》に、数百通にのぼる神道切紙伝授を行った例もある（川平敏文「鍋島直郷と垂加神道」）。当時の武家インテリのなかには、こうして神道に関心をもつ者が一定数おり、鳩巣はその空気を肌で感じていたのだろう。

陽明学派――三輪執斎

次に陽明学派を見る。

この学派で具体的な名前が出るのは、三輪《みわ》執斎《しっさい》のみである。執斎は京都の人。佐藤直方について朱子学を修めるが、のち陽明学に傾倒。酒井《さかい》雅楽頭《うたのかみ》家にしばらく仕えるも、致仕して大坂や江戸で学問を講じた。

鳩巣は享保六年（一七二一）十月二十四日付書簡のなかで、「歴々」（由緒ある身分の高い人々）にも執斎を信奉する者が多いこと、先日も若年寄衆に呼ばれて講釈したらしいことを伝えている（『兼山』五、49A、541）。また、自分も知り合いであり、「人がら実体《じってい》（まじめで正直)」「世間体もよく見へ申し候」と言う。良好な評価だと言えよう。

また、享保十四年（一七二九）ごろかと思われる書簡のなかでは、執斎は「良知をとき、朱子の学を誹《そし》り申し候。この徒も数多《あまた》これあり候」（『可観』二五、477）と、江戸の地でも門人が多いことを伝えている。ちなみに著者不明の『隠秘録《いんぴろく》』〈明和六年〈一七六九〉写、国立公文書館内閣文庫蔵〉巻三には、執斎が飯田町辺りに住んでいたこと、「殊のほか門弟も多く、御旗本中、多くは奥向の衆中〈旗本のなかでも江戸城の奥向に勤める人々〉、歴々のみ」が出入りしていたこと、大金持ちで、身分の高い人々にも金貸しをしていたこと、などが書かれている。これらはどこまで信じてよいのかわからないが、鳩巣の言とも併せれば、やはり上級武士の門弟が多く、繁盛していたことは確かなようである。

上述のように、執斎は享保六年（一七二一）ごろ、若年寄衆に召されて講釈していたらしいが、ここで思い合わされるのは、執斎が翌七年（一七二二）十一月、『書経』堯典の注釈である『堯典和解《ぎようてんわげ》』を、吉宗の需《もと》めに応じて献上していることである〈高知城歴史博物館山内文庫蔵本〉。また享保八年（一七二三）十月、吉宗は鳩巣の侍講を受けたさいに、朱子学と陽明学との違いについて、鳩巣に説明させている（『兼山』七、687）。これらからうかがえるのは、三輪執斎および陽明学という学問が、これまで考えられていた以上に、政権中枢に関心を持たれていたという事実である。

享保七年（一七二二）前後、鳩巣や徂徠が召されて下問を受けていたことは、前章に記したとおりである。またそれとほぼ同時期、闇斎学派の松田善三郎が吉宗に召されていたことも前述した。それこれ併せ考えると、吉宗はこのころ、各学派からそれぞれに意見を聴取したり、著述を献上させたりしていたことが分かってくる。現代風に言えば、学問の「多様性」を尊重していたということであろうか。

なお、享保十五年（一七三〇）ごろと推定される小寺遵路の書簡のなかで、鳩巣の談として、以下のような内容が書き留められている（『可観』二六、495）。いわく、三輪執斎がこのごろ「仮名書きのもの」を書いたが、そのなかで、韓愈《かんゆ》は好色の人であるから、朱子が『孟子』序説に韓愈の説を載せたのは大いなる料簡違いだ、などと説いている、と。具体的に執斎のどの著述を指すのか、確認が取れないのであるが、鳩巣はこの執斎の説を「一笑を発し申す事」〔笑うべきもの〕だと言っている。

このように鳩巣は執斎の説を批判することもあったが、先にも「人がら実体〔まじめで正直〕」と言っていたように、全否定をしているわけではない。中村安宏は、『雑話』における、道の「実践」についての鳩巣の言説を分析して、鳩巣は陽明学と対立しつつも、「陽明学を滋養源にしながら自らの学問形成をしていたようである」と述べている（「室鳩巣の朱子学変容」）。鳩巣の学問は、純粋に朱子学を祖述したと見られることが多いが、それでも他学派からの影響を受け、「鳩巣の朱子学」になっていたということだ。このことは、次章でも指摘する。

仁斎学派――伊藤仁斎・伊藤東涯

仁斎学派については、正徳〜享保初期に言及が目立つ。いわく、仁斎門の北村篤所《きたむらとくしょ》が加賀藩に召し抱えられる（『兼山』二、43B、351）とか、吉宗は、仁斎門弟で紀州藩儒の荒川《あらかわ》景元《けいげん》を通じて仁斎を知っているので、その子息である東涯が幕儒として召される（『兼山』三、5A、373）とかいった噂である。後者の書簡のなかで鳩巣は、「仁斎が学流など発向〔やってくる〕仕るべく候哉、心元《こころもと》なく存じ候」と言っている。仁斎学派が江戸に進出してくることを警戒しているのである。

また、享保六年（一七二一）五月十九日付の書簡によれば、聖堂と高倉屋敷の講釈の聴衆を増やす手段として、さまざまな流派の儒者をそれぞれに講釈させたらどうかという案があるが、それはまるで俗人の料簡であり、「伊藤仁斎流など打まじり候ては、なにほどはやり候ても〔どれほど学問が流行ったとしても〕却《かえ》って害に罷り成り候」（『兼山』五、21B、515）と言っている。

じっさい吉宗は、仁斎学に関心を示しており、享保八年（一七二三）十月ごろ、鳩巣に仁斎のことを質問している（『兼山』七、687）。それに対し鳩巣は、「人物は宜《よろ》しきものの様に承り申し候〔人物は立派だと聞いております〕」。学問は異学と存ぜられ候」と答えた。吉宗から重ねて、なぜ異学と思うのかとの質問があったので、鳩巣は、仁斎の学問は「自分の見を以て〔自己流の見解でもって〕程朱を譏《そし》るものであること、中国明代でも王陽明のように、朱子学に異論を唱えるものが出てきたが、いまは朱子学に帰していること、などを説明した。明清の実例を挙げることで、異学に対する吉宗の興味を抑えようとしたのだろう。

このように、仁斎学に対して警戒していた鳩巣だが、しかし享保期後半になっていくと、その認識は少し変わったように見える。享保十三年（一七二八）三月二十九日付書簡のなかで、伊藤の門流が異説を立てているが、「これは結句〔けっきょく〕、それ程の害はこれなく候」と言っている（『兼山』八、717）。このころにはすでに徂徠の『徂徠先生答問書』などが刊行されていて、相対的に、徂徠学派の害悪のほうが大きく感じられたのであろう。前節で述べたように、陽明学や仁斎学はまだ「心」の内面を問題にしている点で、徂徠学ほどの径庭はなかったのだ。

伊藤東涯が、伊勢山田で二日間、朱子を誇って講釈したところ、この地の「俗学家」に好評だった（『可観』二六、494）。そこで弟子を残して毎日講釈させると、おびただしい聴衆が集まったという。いっぽう、闇斎学派の鈴木貞斎も同所に住んで講義していたが、その煽りを受けてか、日々聴衆が少なくなっていった。異学の優勢と、正学の劣勢。これは江戸ばかりではなく、「天下一統」〔全国共通〕だと、鳩巣は考えている。

ただし仁斎学派は幸い、江戸には進出していない。目下最大の懸案事項は、間違いなく徂徠学であった。

徂徠学派（1）――荻生徂徠

まずは荻生徂徠から見よう。

徂徠の評判がたびたび現れるようになるのは、やはり第二章に記した『六諭衍義』関連の事業で接点が生じたからである。享保六年（一七二一）八月ごろの書簡で、徂徠に言及し、「一己の見〔独自の見解〕を申し立て、大言を好む者にて候」（『浚新』四、104）と述べている。

徂徠先生画像（東京大学駒場図書館蔵）

また享保六年（一七二一）十月二十四日付書簡には、徂徠が徳川吉宗の側用人であった柳沢《やなぎさわ》吉保《よしやす》に五〇〇石で召し抱えられた人であること、吉保の没後も柳沢家に仕えており、「金銀書籍共に富裕の者」であること、また江戸では博学第一との呼び声高く、「その身も殊の外、自負致し罷りある体〔自信をもっている様子〕」であったことなどが伝えられている（『兼山』五、50A、542）。前述のように、鳩巣の俸禄は二〇〇俵であったから、徂徠はその倍以上をもらっていたことになる。これは、当時の儒者としてはかなり高禄である。

さらに享保十二〜三年（一七二七〜二八）ごろの小寺遵路の書簡には、鳩巣の談話として、徂徠は今もって人気があり、門人も多いこと、浜松の儒臣・浜川《はまかわ》嘉介《かすけ》が『弁対問《べんたいもん》』という徂徠批判書を刊行したが（享保十二年〈一七二七〉刊）、見るに堪えないもので、かえって徂徠から笑われるだろうこと、などが書かれている（『可観』二〇、380）。

この書簡の中ではまた、次のような話も書き留められている。佐藤直方の弟子で、享保八年（一七二三）、幕府から資金援助を受けて本所《ほんじょ》に講堂を設立し、多くの門人を指導していた菅野兼山が先日、鳩巣の私宅にやってきて、「荻生事《こと》、世の害に罷り成り候。何とぞ先生に急度《きっと》御弁明なされ候様にと存じ候」と訴えた。徂徠の学問を厳正に批判した書を編述するよう頼んだのである。だが鳩巣は、仏老（仏教や老荘）や楊墨（楊子や墨子）の徒ならば、異端とはいえまだ見識もあるので批判の仕方があるが、徂徠はひっきょう「喪心（正気を失った）の人、酒狂（酔狂）の徒」なので、「何かと取り上げて弁じ仕るべき様はこれなき事に候」と答えたという。議論の前提が違い過ぎ、どこから手をつけるべきか見当がつかないというのが、本音であったのだろう。

ついでに鳩巣は、徂徠門人・服部南郭《はっとりなんかく》の詩文集『南郭文集《なんかくぶんしゅう》』（享保十二年〈一七二七〉刊）にも言及する。本書に寄せられた本多《ほんだ》猗《い》蘭《らん》（伊勢神戸《かんべ》藩主、当時は若年寄）の序文は、文章はおおむね良いが、徂徠が孔子以来はじめて、六経の義を明らかにしたなどと大げさに誉めすぎで、「忌憚《きたん》なきの至極」だと述べている。このあたりの認識が、『雑話』の徂徠学派批判へとつながっていくのである。

徂徠学派（2）――荻生北渓・山田麟嶼

次に、徂徠の弟である荻生北渓《おぎゅうほっけい》について。北渓は鳩巣より前の宝永七年（一七一〇）に、幕儒として登用された（大庭脩『享保時代の日中関係資料　三　荻生北渓集』）。ただし、俸給は二〇人扶持で、鳩巣の二〇〇俵と比較すると、実質はその半分程度。とくに優遇されていたわけではない。

先にも取りあげた享保六年（一七二一）閏七月ごろの書簡には、北渓は高倉屋敷の講釈において、古註を使って『礼記』を講じているが、「殊の外あらく〔粗雑で〕、文義〔文章の意味〕聞え難き」と申す者がいること、北渓が講師に任用されたのは、林家の儒者は聖堂講釈、そのほかの儒者は評定所《ひょうじょうしょ》で働いており、人員不足だったので、「学術の僉議《せんぎ》〔学識の吟味〕にも及」ばなかったこと、などが記されている（『浚新』四、104）。

鳩巣と北渓の学問の違いを物語るエピソードがある。享保十三年（一七二八）七月二日付書簡によれば、足利学校所蔵の宋版十三経の本文を、北渓とともに調査考察せよという命令が、鳩巣に下った（『兼山』八、718）。そこで調査してみると、『論語』学而篇で現行

「貧而楽、富而好礼」とある部分が、足利本では「貧而楽道、富而好礼」のように、「道」という一字が入っていた。北渓はこれを、足利本が『論語』の古態テキストであることの証拠のひとつとしたが、鳩巣はいくつかの根拠を示して、これは後人が意味を明瞭にするため加えたものだろうと反論した。

このほかにも、北渓が足利本の「古さ」（正しさ）を主張する箇所があったが、鳩巣はそれについても反証を示し、江戸の学風は「浅見にて異を好」むものゆえ、このようなことを言って程朱を謗るのだ、北渓説はいずれも「粗《（麁）》浅軽薄」で、「あらき儀」（粗雑なもの）である、と言っている（『兼山』八、720）。

ところが、吉宗は北渓をたびたび召し出して、さまざまな事項について調査させている。国立公文書館内閣文庫に蔵される『名家《めいか》叢書《そうしょ》』七八冊は、和漢の諸学者が吉宗の求めに応じて提出したレポートを集めたものであるが、北渓の分はそのうちの二八パーセントを占め、諸学者のなかでも最も多いという（大庭脩著書、前出）。鳩巣の評価とは異なり、吉宗は北渓のリサーチ能力を買っていたようだ。おそらく仕事の早い人だったのであろう。しかし鳩巣からしてみれば、浅薄で粗雑なものと映っていたのである。

また享保九年（一七二四）、徂徠門人の神童・山田《やまだ》麟嶼《りんしょ》が、十三歳で幕儒として登用されたとき、吉宗は麟嶼の評価を鳩巣に尋ねた。鳩巣は次のように答えたという（『兼山』七、705）。

詩文などは只今いかさま上手に罷り成り候ても、世の為、何の益にも立ち申さず候儀と存じ奉り候。それ故、第一経学をいたさせ申したき儀に存じ奉り候。大助事、唯今いかが意得《こころえ》候て学問仕り候哉、覚束なく存じ奉り候。

〔詩文などはいま、どれほど上手になっても、世のため、何の益にも立たないと思われます。それゆえ、第一に経学を学ばせたいところです。大助（麟嶼）は、そのあたりをいま、どのように心得て学問をしているのか、おぼつかなく思われます〕

詩文を重視する徂徠学派との相違点を感じさせる回答である。以前、吉宗側近の有馬氏倫にもこの旨を申し上げたが、「これ（氏倫）は荻生が博学を殊の外感じ申され」ているようで、あまり納得していない様子であった。しかし今回、吉宗に直接に申し上げられて良かった、と言っている。そして最後に、

只今、江戸は荻生流の異学はやり申し候。六経は『注疏《ちゅうそ》』を用ひ、歴史は『通鑑綱《つがんこう》目《もく》』を禁じ、温公『通鑑《つがん》』読ませ候由、頃日承り申し候。その外、申したきまま〔言いたい放題〕の儀共に御座候。

と付け加える。経書は朱子学以後の新注ではなく旧注である『注疏』を、歴史は朱熹の『資治通鑑綱目《しじつがんこうもく》』ではなくその元になった司馬光（温公）の『資治通鑑』を、というのが徂徠学の姿勢であった。

どこまで理解していたかは分からないが、吉宗側近の有馬までもが感服している「荻生流の異学」とその流行は、やはり大きな脅威であったに違いない。

3　林家・木門との関係

林家――林鳳岡・榴岡

ところで、『雑話』にはほとんど記されていないのが、鳩巣の同僚であった林家（林門）、および木門諸儒の評判である。

まず一例として、第一章・四六頁図版に示した享保三年（一七一八）版『武鑑』「御儒者衆」を、学統別に整理してみると次頁の表のようになる。

これを見ても分かるとおり、林家・林門系は林鳳岡の二九〇〇石を筆頭に、人見桃原《ひとみとうげん》の七五〇石、林葛盧《はやしかつろ》の五〇〇石など高禄の人が見えるが、木門系・徂徠学系は木下菊潭の三五〇俵を最高に、あとは二〇〇俵かその半分以下（二〇人扶持）である。それゆえ、木門系・徂徠学系の諸儒から待遇に不満の声が出てもおかしくない。

学統	氏名	俸給
林家	林　大学頭（鳳岡）	二九〇〇石
	林　七三郎信充（榴岡）	三〇〇俵
	林　百助信廉（退省）	三〇〇俵
	林　亦右衛門（葛廬）	五〇〇石
林門系	人見　又兵衛（桃原）	七五〇石
	人見　七郎右衛門（元浩）	二〇〇俵
	桂山　三郎左衛門（彩巖）	一五〇俵
	得《(徳)》力　重之丞（有隣）	一五〇俵
	津田　右内（玄賢）	一五〇俵
	秋山　半蔵	一五〇俵
木門系	木下　平三郎（菊潭）	三五〇俵
	深見　新右衛門（玄岱）	二〇〇俵
	室　新助（鳩巣）	二〇〇俵
	三宅　九重郎（観瀾）	二〇〇俵
	服部　藤九郎（寛斎）	二〇人扶持
	服部　清介（保考）	二〇人扶持
	土肥　源四郎（霞洲）	二〇人扶持
徂徠学系	荻生　小次郎（北渓）	二〇人扶持

幕府御儒者衆・学統別俸給表

鳩巣とその門人たちが交わした書簡資料には、林鳳岡が加賀藩に数百両を預け置き、月に一分の利息をとっていたこと（『浚新』六、169）、林家における本家（鵞峰系の榴岡《りゅうこう》・退《たい》省《せい》）と、別家（読耕斎《どっこうさい》系の葛蘆《かつろ》）との不和のこと（『兼山』二、39B、346）、湯島聖堂での公開講釈に聴衆が少なく吉宗から叱責されたこと（『兼山』四、16A、440）、和書鑑定の誤りを荷田春満《かだあずままろ》から指摘されたこと（『浚新』二、32）（『兼山』七、670）など、なかなか興味深いものが少なくない。

これらは揖斐高『江戸幕府と儒学者』にその概略が紹介されているので、基本的には割愛するが、鳩巣らが林家をどう見ていたかを象徴するエピソードとして、和書鑑定事件のみ、あらためて取り上げておきたい。享保八年（一七二三）五月二十八日付、青地礼幹書簡に書かれる、伊勢屋《いせや》吉兵衛《きちべえ》（重羽《しげのぶ》）なる商人（享保二十年〈一七三五〉刊『続江戸砂子《ぞくえどすなご》』に載る薬商か）の話である。

近年、吉宗は諸国に命じて、古文書などの史料を収集し、幕府の書庫に保管するという事業を行っている。収集した史料の真偽の鑑定には林鳳岡・榴岡父子が当たっていたのであるが、どうにも不審が残るものであった。そのため、武家伝奏（京都の朝廷と江戸の幕府とをつなぐ外交役）として江戸在府中であった中院通躬《なかのいんみちみ》のもとに、幕府右筆の下田師古《しもだもろひさ》と高家《こうけ》旗本の中条信実《ちゅうじょうのぶざね》とを遣わし、いくつかの史料の鑑定をお願いした。すると通躬いわく、即断はできないので、京都に戻ってから改めて回答したいとのこと。「実は中院殿初《はじめ》、何《いづれ》も和学これなく、真偽見定め候程の識鑑もこれなき故と相見へ申候」。通躬をはじめ、誰も真偽を鑑定できる能力を持っていなかったというのだ。

そこで信実が、自分の知り合いに羽《は》倉斎宮《くらいつき》（荷田春満）という、ことのほか和学に詳しい者がいるので、これに鑑定させてみたい、と言った。それで羽倉が中条宅に毎日参上して吟味したところ、『類聚三代格《るいじゆうさんだいきやく》』と『類聚国史《るいじゆうこくし》』には多くの疑いがあることが判明した。吉宗は側近の有馬氏倫に、林榴岡を召して下田に会わせ、事実確認させよと命じた。

その榴岡召喚の日、下田が有馬にこっそり、林家父子は「これ程の書も読み得申さざるか」と言っていたのを、たまたま榴岡が立ち聞きし、激昂して下田に詰め寄った。下田も言葉が過ぎたことは認めつつ、どうしてこのようなずさんな鑑定をなさったのかと食い下がると、榴岡は小声になり、次のようなことを言ったという。――上様（吉宗）は『類聚三代格』が揃ってご喜悦の様子であった。それを偽書であると申し上げれば、せっかくのお喜びに水を差すではないか。だから全部真本と申し上げたのだ、と。

この後、吉宗が林家に極めを仰せつけられることはなく、羽倉が五月まで在府していたので、おおむねこの者に仰せつけた。林家が真本と鑑定するのは、ほとんどが日ごろ林家と親交ある人から献上されたもので、じつは何の吟味もしていない。伊勢屋は言う、「皆、利徳《（得）》の方にて極め申す沙汰につき、散々の様子に御座候」〔すべて、利得がらみで鑑定するものだから、真偽はめちゃくちゃだ〕。鳩巣は下田から、直接この話を聴いたという。

林家に対する鳩巣の批判は、かなり手厳しい。享保二年（一七一七）六月三日付書簡で、白石失脚後、林家が朝鮮外交を旧式に戻して政務を混乱させているとし、林鳳岡を「阿世曲学の儒、無知妄作の事」と切り捨てている（『兼山』三、35A、406）。『雑話』のなかで林家・林門についての批判が出ないのは、同僚ということもあるが、鳩巣にとって、林家はもはや論ずるに足りない存在であったということであろう。

むろん、『鳳岡林先生全集《ほうこうりんせんせいぜんしゅう》』全一二〇巻にまとめられる膨大な鳳岡の漢詩文を見るならば、鳳岡の学力が相当なものであったことが分かる。第二章で見たように、前田綱紀をはじめ、諸大名には鳳岡および林門諸儒に信頼を置く人も多かった。だが、鳩巣に言わせれば、鳳岡はいわゆる「博学記誦の儒」であって、日々内面の修養につとめ、主君への諫言も辞さないような、みずからが理想とする儒者像とは、およそ懸け離れたものであった。

なお、林家門人でも、高松藩主・松平頼常《まつだいらよりつね》の儒臣・雨森三哲《あめのもりさんてつ》については、すでに亡くなったが、「当世にてめづらしき程」の学者で、「これ程の儒、只今当地（江戸）にもこれなく候」という高い評価を下している（『可観』二三、441）。また、鳩巣と同僚の桂山彩巌《かつらやまさいがん》については、詩の才能があり、他門である自分（鳩巣）の著述に益を受けたと正直に語るなど、「奇特なる事と感じ入り申し候」と言っている（『兼山』四、42B、468）。林門系といっても、すべてを排除するような頑《かたく》なな姿勢ではなかった。

木門――木下菊潭・雨森芳洲

次に同門に対する評判を見てみよう。

鳩巣の師・木下順庵の跡を継いだのが、子息の菊潭であった。彼は幕府への仕官も早く〈元禄十二年〈一六九九〉七月〉、俸禄も鳩巣らの二倍近い。

しかしながら、その働きは鳩巣に比して明らかに劣っている。幕府直轄の学校を建設するという案が出たとき、鳩巣がこれを、林鳳岡か木下菊潭が言い始めたものであろうと苦笑したことは、第一章に述べたとおりだ。師への恩もあろうし、いちおう木門の顔役のような存在であるから、真向から批判することはないが、かといって褒めることもない。

こんなこともあった。享保七年（一七二二）、幕府の財政が破綻し、幕臣の俸禄の支給が滞った。当面の生活に困った鳩巣は、門人の青地礼幹の奨めもあって、同年六月末、加賀藩へ借金を願い出たのだが、加賀藩の取次役の話によれば、貸与は難しくなっているとのこと（『兼山』五、108B、599）。

いっぽう、木下菊潭も鳩巣同様、当面の生活に困り、加賀藩に借金を申し入れたが、菊潭の場合は、珍しい書物や父・順庵の自筆物などを献上したので、借金することができた。しかし鳩巣は享保二年（一七一七）の江戸大火のとき、家屋を土蔵ごと焼き尽くし、四書五経さえも残らなかったから、献上できる書物などない。「中々《なかなか》、平三郎殿格には〔菊潭殿のようには〕成り申さず候」と、礼幹はいう。

また礼幹は、享保七年（一七二二）十二月二十八日付の書簡で、木下氏へは四月以来、加賀藩から三度も遣わされ物があり、昨日も染絹五端、塩鮭二尺が遣わされたが、鳩巣へは一度もないと伝えている（『兼山』六、629）。このような、菊潭と自分の待遇の差に対する複雑な思いも、口に出すことはなかったかもしれないが、当然あったであろう。

そのほか、同門に対する評言をいくつか見てみよう。

まずは雨森芳洲《あめのもりほうしゅう》。正徳三年（一七一三）九月五日、鳩巣は新井白石から、芳洲についての良からぬ噂を聞いた（『兼山』二、32B、338）。すなわち芳洲が、対馬侯から拝領した学費一〇〇両を、江戸の遊郭で一日のうちに七〇両使ってしまったというのである。これを聞いて鳩巣は、「言行揃ひ申さずは誰もはづかしき儀に候へ共、これ程に相違候ては道《い》ふに足らず」（言行が一致しないのは誰でも恥ずべきことであるが、これほどに相違しては弁護の余地もない）と、すっかり失望している。

もっともこの噂には、芳洲に対する白石の悪意ある曲解が含まれていて、鳩巣はそれを鵜呑みにしてしまったのだという見方もある（塩村耕「雨森芳洲と新井白石」）。が、ことの真相は明らかではない。

また、この芳洲の放蕩の噂に続いて、鳩巣は白石から、かねて「好儒」（立派な儒者）と思いこんでいた同門の榊原篁洲《さかきばらこうしゅう》と南部草寿《なんぶそうじゅ》の遊郭通いの噂も聞いて、驚嘆している。金額の多寡はともかく、儒者が遊郭で放蕩するという行為自体が、朱子学の純粋な信奉者である鳩巣としては、受け入れ難いものだったのであろう。もちろんこちらの噂も、どこまで真実を伝えていたのかは定かではない。

その他――安積澹泊・梁田蛻巌

最後にその他の儒者として、数名を紹介して本章を閉じよう。

一人目は、安積澹泊《あさかたんぱく》。鳩巣の甥〔妹の子〕・小池桃洞《こいけとうどう》は、水戸藩儒であった。そういう事情もあってか、鳩巣は水戸藩の学風に通じていた。

第二代藩主・徳川光圀《とくがわみつくに》は、歴史編纂局である彰考館を立ち上げ、『大日本史《だいにほんし》』編纂事業を推進したことで知られている。だが光圀の生前とはうって変わって、現在の水戸藩の諸儒は、「当代風〔いまどき〕の男どもにて候。日夜酒色に耽り、史館〔彰考館〕の職も修《おさま》り申さざる体」で、自分の甥を始めとして、記録〔史料〕にくわしくない（『兼山』四、55B、482）。そんななか、安積澹泊だけは歴史の知識があり、記録の類にも通じており、「随分精力ある人にて、少しも疎略〔いい加減なところ〕」がない、として称賛している。

また享保五年（一七二〇）十一月二十九日の書簡では、澹泊は「当代にてよき儒者にて御座候。中々《なかなか》当地〔江戸〕などにはこれなく」、「拙者〔鳩巣〕も益友〔有益な友人〕と存じ候」という（『兼山』四、67A、493）。辛口の鳩巣にしては、なかなか高い評価である。ただ、「すぐれて菊数寄《ずき》」で、いつも菊の植栽のことばかり気にしているのはどうかと思うが、それくらいのことは許さねばなるまい、と言っている。ちなみに後年、澹泊は鳩巣の七十の賀に自作の菊を贈り、鳩巣は「黄花塢《う》」という詩を作って、その妙技を讃えている（『後編鳩巣先生文集』巻四）。

さらに、鳩巣は青地斉賢の依頼により、澹泊に「佐々木系譜」の調査を依頼していたようで、その進捗状況を斉賢にたびたび伝えている（『兼山』五、7B、501）。斉賢がこれを求めたのは、彼が佐々木氏出身であったからである（『補遺鳩巣先生文集』巻一「新定佐佐木氏系譜序」）。「水戸の風、あらく候（粗雑である）」ゆえ、一気にいろいろ質問すると見落とされることもある。だから一つずつ確実にやったほうがよい。水戸衆との付き合いには「少々口伝（経験からつかんだコツ）これある儀に御座候」、などとも言っている。

二人目は、梁田《やなだ》蛻巌《ぜいがん》。蛻巌は木門ではないが、新井白石や鳩巣と親交があり、木門に比較的近い位置にいた人である。

新井白石は若い時分、桐陰《とういん》と号して俳諧に熱中し、桃青《とうせい》（松尾芭蕉）と競い合ったこともあったという（『兼山』一、44A、283）。しかしある時、『孟子』滕文公・上篇の「幽谷（暗い谷）を出て喬木《きょうぼく》（高い木）に遷《うつ》る」（向上することの喩え）という文を読んで、それまでのことを後悔し、俳諧を辞めたらしい。それに対して蛻巌は、あれほどの詩才がありながら、俳諧を好んでいるということだから、白石とは逆に「喬木を下り幽谷に入る」というものだ、と鳩巣は言っている。俳諧に遊ぶのをよく思っていないようである。

また、鳩巣は同僚の桂山彩巌から、蜺巌が「文柄」(『蜺巌集《ぜいがんしゅう》』後編巻八所収)という文章のなかで、鳩巣のことを「醇乎《じゅんこ》にして醇《じゅん》なる者」(きわめて純正なる者)と書いていると聞き、「覚えず失笑いたし、又ははづかしくもこれあり候」と言っている(『兼山』四、43A、468)。蜺巌は「口きき」(口が上手)なので、この病は治っていないと思う、とも言い添える。褒められてまんざらでもない様子であるが、鳩巣は基本的に、蜺巌は道義の学よりも詩文の学に傾く者、という印象をもっていた。この点は、徂徠学派への批判とやや軌を一にしていると言えよう。

その他、広島藩儒の堀南湖《ほりなんこ》、およびその従弟の堀景山《ほりけいざん》については、それぞれ「きよう(器用)なる学問」「よほど傑出」などと高く評価していることがうかがえる(『可観』二四、462)。

以上、『兼山』『可観』『浚新』といった鳩巣の書簡資料をつかって、同時代に生きた諸儒をどのように評判しているかを見てきた。『雑話』では学派のレベルで抽象的に語られているものが、ここではそれぞれの学者の言動や性格をふくめて、生々しく評価されている。ひるがえってそこから、鳩巣の学問・性格の細部をも、より解像度の高いかたちで観察することができるように思われる。

第五章　武士を生きる

1　明君の条件

武士の血

鳩巣の先祖は、もと備中の武士であった。祖父は尼子家、のちに浮田家に仕えたが、関ヶ原の合戦後に浮田家が滅び、浪人となった。その子が玄樸先生、すなわち鳩巣の父で、はじめ大坂、のち江戸に移り住み、「医に隠れて仕え」（『補遺鳩巣先生文集』巻一一「玄樸先生室君碑陰記」）なかった。このように、父は町医者であったが、鳩巣にはもともと武士の血が流れていたのである。

そんな出自のせいもあってか、鳩巣には武士のありようを論ずる姿勢が、若いころから強くあった。

むろん、武士という存在が社会の構成上、百姓・町人のうえに立つ存在であり、世の中の模範となるべきという考え方は、儒者であるならば誰でも基本的にはもっていたであろう。

だが、彼が武士の血を受け継いでいることは、このさい軽視すべきではない。いにしえの武士文化への甘い郷愁。それは、『雑話』のなかでもひとつの重要なトピックとなっている。そこで本章では、鳩巣が武士とはいかに生きるべきと考えていたかを考察する。

『楠諸士教』（『明君家訓』）

取り扱う資料はこれまでと同様、鳩巣の書簡・雑記類および『雑話』が中心だが、本章を考えるために有用な補足的資料を、まずはじめに紹介しておきたい。『楠諸士教《くすのきしょしきょう》』（武士道全書・第四巻所収）である。

本書は鳩巣が加賀藩儒時代、元禄五年（一六九二）に書いたもの。その自序を要約すれば、およそ次のようなものである。

> いまは末の世となり、風俗は日々に衰えている。それを改めるためには、明君が出てきて、下々の者を戒めるより他の方法はない。そこで私は、上に立つ者が下の者を下知するという趣向で、教訓の文章を書いてみた。とはいえ、自分のような身分の低い者が、上の者に代わって書くのは憚りがある。よって、仮に楠正成の所作に仮託して、これを書くのである。このような例は、荘子の「寓言」以来、珍しいことではない。

こうして、長短あわせて二〇箇条にわたって、武士たる者の心得が記される。荘子の寓言については、第三章を参照されたい。鳩巣がこのような「仕掛け」を使い、その種明か

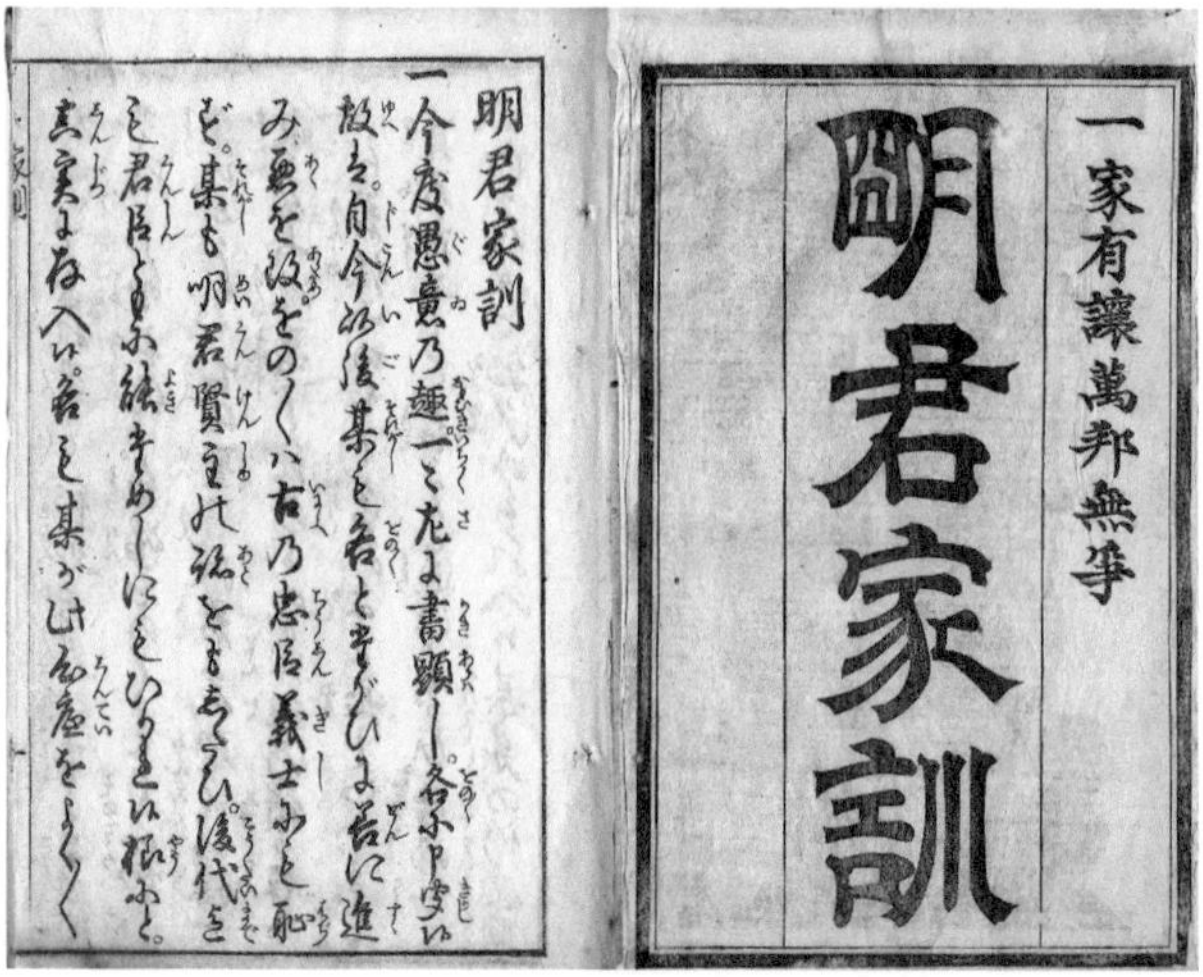

『明君家訓』（正徳版）

しましていることは、のちの談義本の流行とあわせ考えると、なかなか興味深い。

本書はひとまず写本として流布したのであるが、成立から二三年後の正徳五年（一七一五）に、『明君家訓《めいくんかくん》』と名前を変えて、京都の本屋・茨城多左衛門《いばらきたざえもん》（柳枝《りゅうし》軒《けん》）から出版されることになる。このとき、上の鳩巣序は削られていたため、著者は不明の状態であった。

ところが、それからさらに六年後の享保六年（一七二一）、本書は江戸の旗本衆の間で一種のブームを巻き起こす。そこで版元の茨城は、本書の再版を企てる。すなわち鳩巣と相談したうえで、旧版の字句の誤りを修正するとともに、書名を原題の「楠諸士教」に戻し、かつ鳩巣の

『明君家訓』（絵入版）

序を復活させ、新たに跋文も加えて、面目を一新しようとしたのである。

しかし、版元である茨城の開板手続きに不備があり、結果として、書名は『明君家訓』のまま、鳩巣の序跋もない、旧版の字句を埋木によって訂正しただけのものが出版された。――以上の経緯は、白石良夫『江戸時代学芸史論考』（四四～五一頁）にくわしく紹介されているので、参照されたい。本書はとてもよく読まれ、現存する伝本も多い。上記の修訂本だけではなく、別版も数種類存するようだ。

なお、鳩巣が本書の発話者を楠正成に仮託したのは、正成を「明君」として評価する、『太《たい》平《へい》記《き》評《ひょう》判《ばん》秘《ひ》伝《でん》理《り》尽《じん》鈔《しょう》』（以下『理尽抄』）に影響されたものであろう。『理尽抄』は近世初期に生まれた『太平記』の注釈書であるが、若尾政希によれば、本書において正成は、軍略だけではなく、領民支配においても傑出した武将として理想化されている（『「太平記読み」の時代』）。また鳩巣が『理尽抄』を読んでいた可能性については、後述する『赤穂義人録《あこうぎじんろく》』についての考察のなかで、筆者も触れたとおりだ（「室鳩巣『赤穂義人録』論」）。鳩巣にとって、正成は理想的な君主なのであった。

それでは以下、折にふれて本書を参考にしながら、『雑話』にどのような武士観が展開されているかを見ていこう。まずは、理想的な君主とはどのようなものか。

家康説話——去私・納諫・択官

『雑話』のなかで最も多く登場する君主が、徳川家康である。儒学では、たとえば堯舜や周の文王が理想的君主とされるが、『雑話』においては、それが「東照宮」（家康）に置き換えられる。家康が武士の絶対的な規範なのである。その説話は、とくに巻三に集中して書かれている。以下、いくつかの話を要約して紹介しよう。

まず、「天下は天下の天下」（巻三－一）には、家康が天下を取った理由が述べられている。

長久手《ながくて》合戦のあと、天正十四年（一五八六）、豊臣秀吉は家康のいる遠州浜松城へ再三使者を遣わし、上洛して会見することを促した。家臣たちはこれを秀吉の策謀と見たが、家康は、もし自分が行かずに秀吉と戦になるようなことがあれば、天下の大難となるだろう。もし自分が行って思いがけない展開になったならば、そのときは「天下のために一命をすてんと覚悟したるぞ」、そう言って上洛した。

家康はこのように、みずからの命をかけて天下の大難を回避しようとしたのであり、その仁心の深さは測り知れない。またその言葉に「誠《まこと》」があったからこそ、その気持ちが天に通じ、天下をたもつことができたのだ、という。

ちなみに章題の「天下は天下の天下」とは、中国の兵書『六韜《りくとう》』に出る言葉で、簡単に言えば、天下というものを私《わたくし》のものと思わず、天下から預かったものだと思え、ということ。このように、「去私」（私欲を去ること）の姿勢で天下に尽くす覚悟をもっていること、それが君主として重要な資質であるというのであろう。

続く「直諫《ちょっかん》は一番鎗《いちばんやり》より難《かた》し」（巻三－二）は、諫言をテーマにした話である。

中国ではどの時代にも、「諫議《かんぎ》」や「正言《せいげん》」といった、主君への諫言を専門とする役職を設けていた。が、多くは名ばかりで、主君に直言する人はけっきょく退去し、阿諛《あゆ》追従する人が出世した。日本でも武家の時代になり、上はただ武勇と威勢をもって下を制し、下はただ勇気と剛力をもってこれに応えたので、「言語塞《ふさ》がりやすく、下情通じがたく」――つまり上下の意思疎通がうまくいかず、政治も日々に悪くなっていった。だが家康は、下の者がものを言いやすい環境をつくり、彼らの気持ちを汲み取ろうとした。

家康が駿府城に移ったとき、側衆《そばしゅう》に次のような話をした。

主君の怒りを顧みず諫言する家老は、戦場で一番鎗を突く（先陣をきること）よりもはるかに優れた心掛けである。そのわけは、一番鎗は成功すれば褒められるし、もし失敗したとしても後世に名誉を遺すことができる。しかし諫言は、主君からは疎んじられるし、そんな主君におもねる家老たちからも悪く言われて、ついには何を言っても聞き入れられなくなる。それでもしつこく諫言をしようものならば、手討ちに合うか、謹慎させられるであろう。それに比べれば、戦場の一番鎗はむしろ簡単である。（要約）

このように家康は、諫言の重要性を理解していた。『楠諸士教』の冒頭においても、正成が家臣に対して、「何事によらず、機嫌をはからず」（どんなことでも、タイミングを考えず）に諫言するように要請する場面がある。このことからも、鳩巣は「納諫《のうかん》」（諫言を受け入れること）を、君主として備えるべき重要な資質と考えていたことが分かる。なお、鳩巣が諫言を、家臣としても重要な任務であると考えていたことについては後述する。

また、君主が備えておくべき資質としては、どのような家臣を側に置き、また抜擢するかという、「択官《たくかん》」の才能もある。「天下の宝」（巻二－一七）には、家康が、ある役職の欠員を補塡するよう、老臣に命じたときの逸話が載っている。
家康の命を受けた老臣は、ある者の名を挙げた。そこで家康は、その者はどういう人柄かと質問した。すると老臣は、自分のところに出入りしている者ではないので、くわしくは存じませぬ、と言上した。家康はそれを聞いて激怒する。

そもそも武道に心ざしが深い者は、家老や権力のある者に追従しないもの。そのような者を見逃さずに、主君に推薦しようと心がけることこそが、汝らの役目というものであろう。この世のいちばんの宝は、人である。汝らのところに出入りする者ばかりが立身するということになれば、家中の諸士の心だてが悪くなり、権力のある者に媚《こ》び諂《へつら》うようになる。ひいてはそのような空気が、国や家を亡ぼすのだ。（要約）

鳩巣は、人を至宝とするこの家康の言葉を、
まことに国家の規範であり、徳川政権の基礎となるものだ。わが国の歴代の君主のなかで、これほどの人を私はかつて知らない。古今に傑出しているというべきであろう。（現代語訳）

と言う。先に、家康をいにしえの堯舜、文王に比したゆえんである。

ところで、このように家康を理想の君主として崇めることは、ひるがえって、では当世の君主（徳川吉宗）はどうなのかという問いと、じつは表裏一体の関係にある。享保七年（一七二二）十一月の出版条例（『御触書寛保集成』、九九四頁）では、「権現様《ごんげんさま》の御事《おんこと》は勿論《もちろん》、惣じて御当家の御事、板行・書本《かきほん》、自今無用に仕るべく候」〔家康のことはもちろん、徳川家のことを版本や写本に記すことは、今後は禁止する〕という条項があった。ただし特別の事情があれば、奉行所へ申し出、その指図を受けるならばよい、という「但書《ただしが》き」はついているが、基本的に徳川家のことを書くことは許されなかったのである。

その意味で『雑話』の家康説話は、「特例」的なものであった。まして当世の徳川家のことを評判することは、かりにそれが称賛の内容であったとしても、「写本」ならばともかく、「版本」としては難しかったと考えられる。ゆえに『雑話』のなかには、吉宗の話題はまったく出てこないのである。

では、鳩巣はじつのところ、吉宗をどのように評価していたのであろうか。次にそのことを考えてみよう。

吉宗の評判

享保元年（一七一六）五月、吉宗が将軍に就任したとき、さまざまな噂が飛び交った。

世上で流行っている「物は尽くし」のなかで、「能《よ》きもの」として「当公方様《くぼう》、松平安芸守仕置《しおき》」が挙げられたという（『兼山』三、6A、374）。「当公方様」は吉宗、「松平安芸守」は広島藩主・浅野《あさの》吉長《よしなが》で、この二人の「仕置」（政治）が素晴らしいというのである。吉宗の政治手腕は紀州藩主時代から評判だったのだ。鳩巣は、この「物は尽くし」は市民の戯言《ざれごと》のようなものであるが、末々の者まで公方様（吉宗）の立派さを称賛しているのは、天下泰平の幸せ、これに過ぎるものはない、と祝している。

吉宗は将軍に就任するとまず、旧体制の刷新にあたった。まず、先代・家継《いえつぐ》時代の御側用人で、実権をにぎっていた間部《まなべ》詮房《あきふさ》を雁間詰《がんのまづめ》に配置換えするとともに、小姓衆・小納戸衆といった側近たちを残らず寄合組《よりあいぐみ》・小普請組《こぶしんぐみ》に組み入れて遠ざけ、代わりに紀州から連れてきた四十余人を側衆に置いて身の廻りを固めた。さらに御側用人制を廃止し、家老が直に将軍にものが言える体制を整備した（大石慎三郎『吉宗と享保改革』第四章）。

徳川宗家の血筋は、御三家である紀州徳川家から吉宗が迎えられたことによって、一度リセットされた。そのことを、鳩巣は次のように言っている（『兼山』三、10B、379）。

去年東照宮百年にて、当年百一年目に又、御元祖の御脈へもどり申し候。これ皆天命にて、人力の預り申す所にはこれなきと存じ奉り候。

〔去年は東照宮の没後一〇〇年であったが、一〇一年目の今年、またご元祖の血脈にもどった。これはすべて天命であって、人の力の及ぶところではない」

このような、奇跡的な巡り合わせに大きな期待をいだいて、鳩巣は一〇年間ほどを吉宗の側で過ごした。鳩巣の吉宗に対する評価を、以下、三つの項目に分けて見てみよう。

質素（寡欲）

一つめは「質素」。鳩巣は、吉宗のそれについて、古今に類を見ないほどであると驚いている（『兼山』三、17B、387）。印籠は黒塗で内側が梨子地《なしじ》、緒締《おじめ》はムクロジ、根付《ねつけ》は象牙の掛絡《から》、刀はすべて赤銅・鉄・銅の拵《こしら》え、馬乗袴《うまのりばかま》は小倉木綿。鳩巣は「これにて御推察ならるべく候。先ず結構なる御事に御座候」と評している。将軍としてはかなり質素な装身具類だと言うのだろう。

こんなこともあった。御側衆の北条氏澄《ほうじょううじずみ》が綸子《りんず》（厚く光沢のある絹織物）の単衣《ひとえ》を着用して伺候していると、吉宗がじっと見つめている（『兼山』三、20B、391）。北条はその場に居づらくなって退出し、自分になにか不調法があったものかと、御用取次の小笠原胤次《おがさわらたねつぐ》（もと紀州藩家老）に聞くと、次のように言う。

このようなことは前々からあったことで、おそらく綸子の単衣がお気に召されないのであろう。綸子は女の着るもののようだとしてお嫌いなされ、紀州では吉宗の御前に出る者は誰も着なくなった。それを着替えて伺候なさるならば、なんの問題もないだろう。（要約）

そこで北条が着替えて出仕すると、平常どおりの様子であった。

老中の阿部正喬《あべまさたか》においても同様のことがあった（『兼山』三、21A、391）。吉宗の承認を得るべき十ヶ条ばかりを小紙に書いて、一つずつ伺いを立てていたら、最後のほうで吉宗はまったく返事をしなくなった。そしてやはり、阿部の衣服をまじまじと見つめていたという。そこで阿部は退出し、小笠原に尋ねると、阿部の着用していた熨斗縮《のしちぢみ》（地の薄い縮織り）がお気に召されないのではないかと言われた。吉宗も縮をお好みだが、いつも粗末なものをお召しになっている、そんな立派なものは初めてご覧になったのではないか、と。そこで阿部が着替えて出仕し、残りの箇条を伺うと、きちんと返事があったという。鳩巣はこれらのエピソードを紹介する冒頭に、「御倹素の儀、段々（重ね重ね）世上に申し候通りにて、創業の君（家康）の様に相見へ申し候」と書いている（『兼山』三、20B、391）。

また、「質素」を「寡欲」と読み替えるならば、吉宗が女性の容色にこだわらなかったという逸話の数々もそれに類するであろう。吉宗が、江戸城に仕えていた容色の良い女中五〇人を解雇したという話も、その一つである（第一章参照）。

納諫

二つめは「納諫」。吉宗が諫言を受け入れる度量を示したこと、なかでも民衆の自由な意見を吸い上げようとしたことは、目安箱《めやすばこ》の設置に象徴されるであろう。目安箱は、享保六年(一七二一)八月三日から、毎月二日・十一日・二十一日の三日間にかぎり、朝から九つ時(一二時ごろ)まで評定所《ひょうじょうしょ》の外腰掛《そとこしかけ》(控室)のところに設置された(『兼山』五、39B、532)。

投書できる内容は、治世のためになる事柄に限られ、利己的な要望や不確かな情報などは取り上げないということになっていた。実際にこの条件に合致するものは少なく、多くは焼き捨てられたが、これによって役人は気を引き締めるものであるから、無用な投書ではあっても、一定の利益はあると鳩巣は考えていた。そこで御用取次の有馬氏倫にも、よい投書が入れられるのを気長にお待ちになるよう申し上げたという(『兼山』五、40B、533)。

目安箱自体は、吉宗が紀州藩主時代に訴訟箱を置いていたのを参考にしたという説もあるが(辻達也『享保改革の研究』第四章)、いずれにしろ、これを幕府の施策として提言したのは、鳩巣として間違いない。設置当初、なかなかきちんとした投書がないことを嘆いて、「この方(私)より申し出したる儀に候故、気の毒に存じ候〔気をもんでいる〕」(『兼山』五、44B、537）と漏らしているからだ。

この目安箱への投書のうち、よく知られているものに、「山下広内上書《やましたこうないじょうしょ》」がある。鳩巣によれば、山下広内は麻布あたりに住んでいる「謙信《けんしん》流の軍者（軍学者）」で、上書の内容は信用に足らないものではあるが、言いにくいことも遠慮なく書いていると、一定の評価を与えている（『兼山』五、51B、543）。吉宗はこれを閲覧し、黒書院溜《たまりのま》間に老中と寺《じ》社《しゃ》・勘定《かんじょう》・町《まち》の三奉行ならびに諸役人を召し出して、こう言った。

広内なる者は、身分こそ軽いが、奇特な者である。そなたたちは役人でありながら、このようなことは一向に進言しない。（要約）

そうして広内の上書を皆に見せ、三奉行には写し置くように命じたという。鳩巣はこのことを、「上（吉宗）の御度量広き事、恐れながら感じ奉り候（感動した）」と言い送っている。

択官

三つめは「択官」、すなわち人材登用の公明さである。これは鳩巣ではなく兼山が伝えるところであるが、吉宗は将軍になってまもなく、大番頭《おおばんがしら》（大番の長。江戸市中の警護などに当った）を召して、今後人を選ぶときに贔屓をするようなことがあれば厳格に処すこと、またこれまで家禄に応じて役人を選んでいたと聞いて、今後は禄の高下ではなく、「その人の材さへその役相応に候はば、小身（小禄の者）にても申し上ぐべき」ことを申しつけたという（『兼山』三、25A、396）。これは、その人の家禄にかかわらず、その役職にある間はその役職相当の俸禄を支給する、いわゆる「足高《あしだか》の制」とかかわるものである。これによって、家禄の低い者でも重要な役職につけるようになった。

また、寺社・勘定・町の三奉行、および大目付《おおめつけ》（大名および老中支配の諸職を監察する役職）などを毎度、御前に召し出し、直接に諸事を聴取したり、下知したりするので、老中がまったく関知しないこともある。こうして「上下の情は少しも塞がり申さず、なにもかも相知れ申すと見へ申し候」と、鳩巣は言う（『兼山』四、6B、430）。俗にいう「風通しがよくなった」状態であろう。

続けて、当年（享保二年〈一七一七〉）は元日から天気がのどかで、この時期にはあまり見られないような降雨があり、湿気が保たれて火事もなくなった。この調子で天気が穏和であれば、人心も自然と安定することであろう。これは恐れながら上様のお手柄と思われる、とも言うが、ここには君主の政道が天候に影響するという、儒学の考え方が反映している。

吉宗はまた、諸頭《かしら》・諸役人を一人、あるいは二、三人ずつ召し出して直接に問答しているので、諸士の賢否をよく知っているようだとも報告している（『兼山』四、13A、437）。実務をになう官僚とマメに意思疎通をはかり、みずから人材を見極めようとする吉宗の姿勢に、鳩巣は好意的である。

以上、「質素（寡欲）」「納諫」「択官」という観点から、鳩巣の吉宗評を見てきたが、それらはおおむね、家康に対する評価と重ね合わされる。もっとも創業の君主と、中興の君主とでは、また違った器量が必要だろう。前者には一命を賭して戦い抜く武勇が必要であったろうし、後者には地位・権力のうえに胡坐《あぐら》をかかない謙虚さが必要であるだろう。その意味で家康と吉宗の素質は完全に一致するわけではないが、鳩巣は吉宗に、ほぼ満点に近い評価を与えている。そこには、経済は破綻し、風俗は荒廃したこの暗い世の中に、家康のような名君が再来して世を立て直してほしいと願う、祈りのような気持ちが込められていたかもしれない。その意味で鳩巣の評点は、いわゆる「期待値」をふくんだものであったろう。

吉宗への不満

しかしそれでも満点ではなく、満点に「近い」と言ったその理由は、鳩巣が吉宗に対して不満を述べている点もあるからである。

そのひとつは、言動の「軽さ」であった。とくに将軍就任初期の段階で、それはたびたび批判されている。たとえば、こんなことがあった。
吉宗が、五代将軍・綱吉以来、久しく途絶えていた鷹狩を復活したことは有名である。享保三年（一七一八）正月に、本庄《ほんじょう》の鷹場へ出たときのことだ（『兼山』四、4B、428）。吉宗は、百姓が担ぐ桶のようなものを二つ棒で担いで、厳寒のなか、木綿かと思われる半着《はんぎ》物《もの》（動きやすいよう丈を短くした着物）ひとつを着て、鷹を左手にとまらせ、供人を置いてひとりで野辺をずんずん歩いて行く。そうして鶴を捕獲すると、その羽をみずから抑えこんで、鷹に褒美の餌食を与え、さらに鶴の血を茶碗に注いで飲み、手についた血を鷹匠の頭で拭った――。鳩巣はこの話を、このときお供に出ていた者から聞いたという。
このあと吉宗は、百姓の家に上がりこんで酒を飲み、供の者にも勧めた。このほか、聞くところはみな無作法なことばかりで、「至極御軽き御儀」〔とても軽々しいご様子〕に見えると、鳩巣は言っている（『兼山』四、5A、429）。さらに次のように言う。

「君子は重からざれば則ち威ならず」、且つ又「これを望むに人の君に似ず」と申す聖賢の戒めには御違いなされ候儀と存じ奉り候。

「君子は」云々は、『論語』学而篇のことばで、君子は重々しくないと威厳がないということ。「これを望むに」云々は、『孟子』梁恵王・上篇のことばで、遠くから見ても君主にふさわしくないということ。こうした聖賢の戒めに、吉宗の行動は悖《もと》っているという。吉宗の「軽さ」は、家臣や民衆が親しみを覚えるという点では長所となりうるが、統治の頂点にある者が、威厳に欠けては困るのである。

もうひとつは、「学問」である。吉宗が、法律・地理・本草・天文など幅広い関心をもち、書物を収集したり、実地調査をさせたりしたことはよく知られている。その意味では好学の君主といえるのであるが、第二章でも見たように、鳩巣はたびたび、吉宗の学問に対する姿勢に不満を漏らしている。

たとえば、享保七年（一七二二）七月七日の青地礼幹書簡に、鳩巣の談話として次のようにある（『兼山』六、602）。

只今、御学問御数寄《すき》候様に御座候へども、御真実に御勤め遊ばされ候御様子には相見え申さず候。上、箇様の体にて、下々、感発仕るものにては御座なく候。
〔ただいま、上様は学問好きのようだけれども、真剣に学んでいる様子には見えない。上に立つ者がこのような姿では、下々の者が奮起するはずがない〕

学問の道は、結局のところ、上の者が実行する姿を見せないと、下々の者は感化されない。これまで何度となく唱えてきた持論である。

ここで鳩巣のいう「学問」とは、吉宗が好むような法律とか地理とかいった諸芸・諸学ではなく、その根幹となる儒学そのものである。『楠諸士教』に、家中の者は貴賤を問わず学問を身につけるべきだとあり、『小学』『四書』『近思録』、余力があれば五経などを熟読し、その意味を考え、「一字一句も今日の上〔現在のわが身〕にひきうけて、悉《ことごと》く修行のためにいた」すこと、それこそが真の学問だ、とある。吉宗はたしかにさまざまな学問に興味を示したが、その根幹となるべき学問への情熱が欠けていると、鳩巣は考えているのだ。

それでも前述したとおり、鳩巣が吉宗を家康に近い賢君であると認識していたことはたしかだ。享保七年（一七二二）正月二十三日の書簡には、

御代々終《つい》にこれなき程の御英主に御入遊ばされ候へば、何とぞこの上、段々《だんだん》御治功も成就候て、万世その沢を被《こうぶ》り候様に仕りたき御事と、恐れながら存じ奉り候。

（『兼山』五、58B、550）

〔歴代にかつてないほどの英主であるから、どうか今後、政策も次々に実を結んで、万世までその恩沢をこうむれるようにしたいと、恐れながら考えている〕

という、不世出の「英主」に寄せる希望が述べられていた。鳩巣の批判は、中国古代の

聖君のような、より完全完璧な君主の出現を待ち望む、大きな期待の裏返しなのであった。

2　理想的な家臣像

では次に、理想的な家臣像について考えてみる。

『雑話』には、じつに印象的な武家説話が多く載せられている。戦国末期から近世初期、将軍でいえば初代・家康から第三代・家光あたりまで時代に生きた、戦《いくさ》の「匂い」を知っている武士たちのさまざまな逸話は、何を意味するのか。そのことを意識しながら、まずは鳩巣が生きていた当時に起こった、ある事件についての評価から見ていくこととしよう。

『赤穂義人録』

武家の「家臣」が引き起こした事件として、当時記憶に新しかったのは、赤穂浪士たちによる仇討ちである。元禄十五年（一七〇二）十二月十五日未明、赤穂藩の浪士四七人が江戸の吉良《きら》義央《よしなか》の屋敷に侵入し、義央を討ち取った。浪士たちは十数名ずつ、いくつかの大名の邸宅に預かりの身となり、二ヶ月後に全員切腹という処分が下される。よく知られている事件なので、そのあらましについては省略する。

この事件は、比較的早い段階から記録や講釈に作られたりして、庶民の関心を惹くものであった。それらは基本的に、浪士たちを「忠臣」として称賛するものであったが、学者たちの間では、その評価は分かれていた。

反対派として最も有名なのは荻生徂徠で、徂徠は浪士たちの所業を、公の秩序を乱すものとして批判した。そしてその判断は、幕府の裁定にも影響したと言われている。いっぽう賛成派の代表格が鳩巣で、その評価は『赤穂義人録』（以下『義人録』、日本思想大系『近世武家思想』所収）に展開されている。

『義人録』には、元禄十六年（一七〇三）の自序がある。赤穂事件にかんする評論としてはかなり早期の述作である。分量は二巻、文体は漢文。基本的に写本で流布したが、幕末になって安中《あんなか》藩主・板倉勝明《いたくらかつあきら》により、甘雨亭叢書《かんうていそうしょ》のひとつとして刊行された。

鳩巣が本書を執筆した意図、およびその成立の経緯については、『鳩巣先生義人録後《きゅうそうせんせいぎじんろくこう》語《ご》』（以下『後語』）に収められた、鳩巣門人たちの跋文が参考になる。『後語』は、宝永六年（一七〇九）、鳩巣門人二〇人が『義人録』に寄せた跋文、および義士を讃える詩十数編を、鳩巣の甥・大地昌言が編集したもの。こちらも甘雨亭叢書に収録・刊行されている。

この『後語』のなかの一つ、奥村脩運の跋文には、『義人録』の執筆意図について次のようにある。

中国では忠臣たちの義挙が正史に記録され、後世の人を鼓舞してきた。大石内蔵助《おおいしくらのすけ》以下の忠義は、それらにも劣ることはないのに、その偉業を顕彰する文章はなく、ただ巷間《こうかん》の雑説があるだけだ。そこで金沢の地にあった鳩巣が、この事件を長く後世に伝えんために、遠く京・江戸にいる門人・諸友たちに諮って情報を集め、虚実を吟味しながら編纂したのが本書だ。（要約）

たんなる評論というより、一種の「歴史書」として執筆したということである。

しかし、赤穂浪士たちの所業を称賛することは、彼らを処罰した幕府の裁定に異を唱えることにもつながる。この点は鳩巣の自序のなかで、弟子たちの問答という形で立場が表明されている。

むかし殷《いん》の伯夷《はくい》・叔斉《しゅくせい》は、周の武王が殷を討伐することに反対したが、武王の政治顧問であった太公望《たいこうぼう》（呂尚《りょしょう》）は、伯夷・叔斉を「義人」とし、武王を「聖人」とした。これにのっとれば、浪士たちを称賛することと、幕府の裁定を容認することとは矛盾しない。（要約）

こうした理論武装をしたうえで、『義人録』は書き進められたのであった。

しかし、伯夷・叔斉は隠棲することを許されたが、浪士たちは切腹させられた。鳩巣の門人たちは、この点を「天命」であったとして嘆くのであるが、天命とは言っても、実際に裁定を下したのは幕府なのだから、ここには彼らの――そして鳩巣自身の、幕府への失望、憤懣《ふんまん》が隠されていることは疑いない。

その意味で本書の叙述は、政治的になかなか危険な要素をふくんでいるのであった。それでも本書を記さずにはいられなかったところに、鳩巣の儒者としての強い覚悟と義気を感じる。

これを踏まえて、以下、『雑話』のなかに描かれる家臣像を分析してみる。

忠義

まずは「忠義」。『雑話』のなかには、さまざまな忠義・節義の話が載っている。『雑話』巻三では、明の建文帝の家臣であった方孝孺《ほうこうじゅ》、あるいは程済《ていさい》などの忠義の話が語られたあと、日本の忠臣たちの話に移る。渡辺競《わたなべきそう》（源頼政の家臣）、弥平兵衛宗清《やへいびょうえむねきよ》（平頼盛の家臣）、伊藤祐清《いとうすけきよ》（伊藤祐親の子）といった平安末期の武士たちを「三烈士」と呼び、その略伝を記したあと、南北朝期の安藤聖秀《せいしゅう》（北条高時の家臣）、戦国期の小宮山内膳《こみやまないぜん》（武田勝頼の家臣）の話に及ぶのである。

だが、鳩巣がこれにぜひ加えたかったのは、当代における赤穂浪士たちの忠義話であったに違いない。正徳五年（一七一五）十一月晦日、鳩巣は赤穂浪士たちの墓がある泉岳寺に赴き、まずは大石の墓に焼香・礼拝し、弔文を読み上げ、その後、浪士たちの墓をひとつずつ巡った。「今更当時の事、見申す様に存じ候て〔さながら当時の様子を見ているようで〕、悲涙に及び候」（『浚新』三、52）と書き送っている。それほどに深い思い入れがあるのだ。

とはいえ、『雑話』のような一般向けの書物のなかで、彼らを真正面から「義士」であると讃えることは、鳩巣の立場上、難しかったのだろう。『雑話』のなかでは、赤穂浪士たちのことはいっさい触れられない。よってここでは、『雑話』ではなく『義人録』のなかから、鳩巣の「忠義」に対する考えを見ておこう。

いわゆる赤穂四七士のひとり大高忠雄《おおたかただお》が、討ち入りの三ヶ月前に母に宛てた長文の手紙がある。『義人録』初稿本の段階では入っていないが、再稿本の段階で入れたものだ。その手紙の内容について、鳩巣は次のように言っている。

思うに良雄（大石）や忠雄（大高）たちは、みな武士であって、学問を修めていない。ただ武田流の軍学を尊びあがめ、孫子・呉子の兵学を習い知っているだけである。よってその考えは狭くて卑しく、残念と言わざるを得ない。だが、わが国で人の上に立つ「近世の士大夫〔当代の武士〕」は、「徒《いたづら》に居を懐《おも》ひ、禄を貪《むさぼ》ることを知るのみにして、節に伏し義に死するに至りては、則ち視て以て度外の事とす」。（現代語訳）

大石や大高は、学問はないけれども、忠義の立てようは知っていた。それに対してこのごろの武士は、いたずらに地位を守り、俸禄をむさぼるだけで、節義のために死ぬようなことはいっさい考えない、と。

ここには、学問以前の問題として、忠義・節義というものが、武士にとって最も大切な心がけであるという考えが見られ、あわせて当時一般の武士が批判されている。小役人に成り下がり、武士としてのアイデンティティを失った人々――これが鳩巣の、当時の武士に対する認識なのであった。

諫言

次に「諫言」。「直諫は一番鎗よりも難し」でも触れたように、家臣としては、いつも主君に従順であるばかりではなく、ときに主君を諫めることも重要な役目である。「杉田壱岐《すぎたいき》」（巻三―三）は、その代表的な一話である。また終章で触れるように、本話は戦前の国語教科書のなかでもとくによく取り上げられており、『雑話』を代表する一話でもあった。

寛永のころ、越前福井藩主・松平忠直《まつだいらただなお》の家老に、杉田壱岐という者がいた。あるとき忠直が鷹狩から戻ってきて、たいへん機嫌よく家臣たちの働きを褒めた。出迎えた家老たちはそれに追従したが、ひとり壱岐だけは、「はばかりながら、歎かしき御事に候」と答えた。にわかに機嫌を損ねた忠直がそのわけを聞くと、壱岐は次のように答えた。

家中の者どもが鷹野にお供するときは、出先でお手討ちになるかもしれぬということで、妻子と暇乞いをしてから家を出ていると聞いております。このように上様を疎んで、親愛の情を移さないのでは、万一の時にご用に立つとは思えません。（現代語訳）

本文には書かれていないが、じつは松平忠直は、たいへんな暴君として知られていた。『台徳院殿御実紀《たいとくいんどのごじつき》』元和七年（一六二一）三月条によれば、このころ忠直は酒と色とにふけり、近習・小姓などを次々に、「あけてもくれても」手討ちにしていた。越前ではいつか反乱が起きるのではないかと、人々は心穏やかではなかったという。

さて、このとき側にいた者が、壱岐にその場を退くよう促したが、壱岐は脇差を抜いて後ろへ投げやり、忠直の前に進み出て、「ただ御手討ちにあそばされ下され候」、むなしく家中の凋落《ちょうらく》を見るより、殿の手にかかって死ぬならば本望、といって首を差し出す。緊迫した場面。忠直は何も言わず、奥へ入っていった。

その場はどうにか取り収められたが、壱岐はいずれ手討ちになることを覚悟し、妻子にくれぐれも殿を恨むことがないよう言い聞かせる。その夜、果たして呼び出しがあり、忠直の寝室に通された。ところが忠直は、意外にも、壱岐に謝罪のことばを述べた。昼間の壱岐のことばが気にかかり、夜も眠れないまま呼び出したのであると。そうして、「その方が心ざしをふかく感じ思うて、満足する」と述べ、刀を壱岐に賜った。意外な展開に、壱岐は落涙にむせびつつ、刀を戴いて退出した。

本話は、みずからの命とその家族の行く末を賭けた、壱岐の決死の覚悟が前面に出ていて、読者に深い感動を呼ぶ。なお、同じ話は『鳩巣小説』にも収録されているが、そちらは壱岐の言動よりも、それに感激した暴君・忠直のほうに焦点が当てられていることが、白石良夫によって指摘されている（『説話のなかの江戸武士たち』第三章）。いわゆる「鬼の目にも涙」の説話として描かれているということだ。

人情

武士とは戦闘集団である。忠義も諫言も、死と隣り合わせの場面でこそ、その真価が問われるものだ。その意味でこの二つは勇壮さをともなっているが、三つめに取り上げるのは「人情」である。一見、戦闘集団としての武士には似合わない素質のように思われる。鳩巣の意図はどこにあるのだろうか。

「仁は心のいのち」（巻二－一二）は、下野《しもつけ》の武将・佐野房綱《さのふさつな》（天徳寺）の逸話である。

あるとき佐野は、琵琶法師を呼び寄せて、家臣らとともに平家語りを聞いた。琵琶法師が、佐々木高綱《ささきたかつな》の「宇治川の先陣」、那須与一《なすのよいち》の「扇の的《まと》」という、現代でもおなじみの話を語ると、佐野はぽろぽろと雨雫《あめしずく》のように涙を流した。

後日、このときの平家語りはどうであったかと家臣たちに聞くと、もちろん面白いものではあったが、どちらも勇猛な武士の話で、少しも「あはれ」ではないのに、殿がなぜあれほど泣いておられたのか、みな不審がっておりました、と答えた。それを聞いて佐野は驚き、かつ落胆し、高綱や与一の決死の覚悟を思いやるならば、「あはれ」でないことがあろうか、といってまた涙を流し始めたというのだ。


各《おのおの》の武辺は、ただ一旦の勇気にまかせて、真実より出るにてはなきにやと思はれ候。それにては頼もしからずこそ候へ。

〔そなたたちの武技は、一時の勇気にまかせたもので、心の底から出たものではないのではと思われる。それでは頼りにならない〕

そなたたちの武技は偽物だったのか？　そう問われ、家臣たちは言葉がなかった。

これについて鳩巣は、次のように評している。武道というものは「仁」に根差したものであり、「惻隠《そくいん》〔あわれみ〕の心」から発したものであるべきだ。武といえば殺戮の道のように思われるかもしれないが、「仁より出ざるは真の武にあらず」。武道にかぎらず、忠孝も礼儀も学問も、内側から「仁」が自然とにじみ出るようなものでなければ、真のものとは言えない。この「仁」とはすなわち、人の情、「物のあはれを知る」の心である、と。鳩巣はこのように、涙もろい佐野の逸話から、「仁」というものが、人間のあらゆる行動の基盤として必要なものだという話に展開させたのである。

ところで、この武道と「あはれ」（人情）とをつなげる考え方――いわば「武道人情論」は、『楠諸士教』のなかでも、「温和慈愛にして、物のあはれをしり、人に情あるを、節義の士とは申し候」と述べられている。また、親の死を深く嘆く者を見て、そのように気弱であるのは武士の流儀ではない、まるで女・子供のようだ、などと謗る者がいるが、とんでもないと、鳩巣は言う。

これ程の事にさへ「あはれ」をしらずしては、君の恩、人のなさけ思ふべしとも存ぜず候。何ほど気づよにして、武士の法にかなひたると、おのれこそ存《お》くべく候へども、一向たのもしからぬ士《さぶらひ》に候。

〔これ（親の死）ほどのことにさえ情が動かない者は、主君の恩、人の情けを感じることはないだろう。どれほど気が強くて、武士の式法にかなっていると自分では思っていても、まったく信頼できない侍である〕

父母だけではない。兄弟や親族についても同様で、その死をまったく嘆かないような者は、平生の不誠実な心もちが思い知られるという。このように、「武道人情論」ともいえる考え方は、鳩巣の年来の持論であった。

また、「物のあはれを知る」という、日本で古来言い慣わされてきた概念、およびその用語を、儒学でいう「惻隠の情」とむすびつけて論じるところには、同時代の伊藤仁斎の人情論、あるいは少し後の堀景山の詩歌論との関連性も想像され、思想史的に興味深い。次章で見るように、鳩巣は人情、およびその発露としての詩歌の吟詠を重視するが、それは朱子学が想定する枠組を、ぎりぎりまで使って論じているように見える。十八世紀の思潮のただなかに、鳩巣もいたということだろう。

なお、上の佐野の逸話は『可観小説』巻五にも載っているが、そこでは同じ佐野でも房綱ではなく、その甥の宗綱の話になっている。また話の末尾は、「仁」の大切さを述べるのではなく、佐野家がその後、滅亡したという叙述になっている。つまり宗綱が驚き、落胆したとおり、「物のあはれ」を知らぬ家臣たちは、佐野家を守ることができなかったという結末になっているのである。

ノスタルジーなのか？

ここまで、鳩巣が理想とする武士像とはどんなものだったかを見てきたが、鳩巣はどういった意図で、これら往昔の武士たちの逸話を描いたのであろうか。
家康側近で江戸幕府の創業を扶《たす》け、「武功派」と呼ばれた榊原康政《さかきばらやすまさ》らは、やがて「吏僚派」と呼ばれた本多正信《ほんだまさのぶ》ら、官僚型の武士たちにその座を奪われていく。しかし、新井白石や鳩巣はこの武功派の武士たちのことを、「此時分《この》の武辺者は各別の事にて候〔別格に素晴らしい〕」(『可観』一、3)と語っている。このことについて、白石良夫は次のように述べている(『説話のなかの江戸武士たち』第二章)。

白石や鳩巣にとって、幕初期に政治の表舞台から消えていった武功派の侍こそが、君臣の道をおこなう武士の理想像であった。(中略)かれらが「此時分の武辺者は各別の事にて候」というときに抱くのは、ノスタルジーであった。今日では失われた「武辺」がまだ体現されていた「此時分」への、ノスタルジーであったのだ。

白石や鳩巣は、いわば算盤の上手な吏僚派よりも、豪快で義気にあふれる武功派たちに郷愁を覚えていたということだ。たしかにそれはあろう。だが鳩巣は、たんにノスタルジーに浸り、「古き良き時代」の武士たちの生きざまを懐かしむために、これを書いたのであろうか。
『雑話』には、当代の武士の実態が垣間見られる記述が、いくつか見られる。たとえば

「天人相勝《てんじんあいかつ》」（巻二一‐三）は、人が多く集まり勢いが盛んであれば、一時的には「人力」が「天運」に勝つこともあるが、大局的には「天運」が「人力」に勝つという道理を説いたもの。そうして鳩巣は、次のように話を進める。

近年、国に「賊吏」が多く、「郡県の租税、金穀の出納」などをごまかして小利を得ている者がいる。しかし、それは遅かれ早かれ、いつかは発覚する。「天運」が「人力」に勝つのである、と。これは具体的には、吉宗が享保前半期に行った代官・手代等の大量処分を踏まえたものであろう。たとえば享保四年（一七一九）には、代官五人をふくむ関係者計二〇名が、さまざまな罪状によって、遠島・俸禄停止・弁償などの処分を申し渡されている（大石慎三郎『吉宗と享保改革』第五章）。

また、「大敵外になし」（巻四‐一七）は、いわゆる「巧遅は拙速にしかず」（上手で遅いよりは、下手だが速いほうがよい）という諺を解説したもの。寛永～明暦ごろの幕臣には、逸材が多かった。それは彼らが「篤実簡重」（誠実で大らか）で、「廉静寡欲」（純粋で欲がない）な人たちであったからである。

近ごろの幕臣たちの、知恵と利口さを貴ぶ目からすれば、彼らのやり方はいかにも拙いものであろう。しかし、それでも万事がうまく回っていた。才智ある人は、仕事を敏速かつ的確にさばけるように見えるけれども、「事おほに僉議《せんぎ》がちにて、事実常に隠れ、下情常に塞《ふたが》りぬれば」、すなわち何かと詮索しがちで、都合のわるい事実は隠蔽され、下の者の意見は通らないから、政治の腐敗、民衆の辛苦はここから起こる。これをもってみれば、政治はむしろ拙速をよしとするのだ、と。ここでは明らかに、当代の官吏たちが批判されている。

さらに「言《げん》は身《み》の文《ふみ》」（巻五－一三）では、自分（鳩巣）が若いころまでは、武士が金銭や女色について口に出すのははばかる風があったが、今の若い者の集まりはこの二つの話題ばかりだと嘆いている。『楠諸士教』のなかでも、当代の侍の寄合《よりあい》（会合）について、

おほくは賓主ともに礼義ただしからず、わけもなき事ども口にまかせ、声高にわらひののしり、又は人の噂、好色のはなし、あるいは酔狂をし、あるいは小歌・三味線、座上にとりはやすやからもこれある由。

〔多くは主人も客人もともに礼儀正しくなく、意味のわからないことどもを口に任せ、大声で笑いさけび、また人の噂、艶めいた話をしたり、あるいは酔っぱらったり、あるいは小歌・三味線などで座を盛り上げる輩もいるということだ〕

と、その放埒《ほうらつ》さを批判するくだりがある。武士の体質が変わってしまったのである。

こうして見てくると、『雑話』に採録される戦国時代から幕初期の武士たちの逸話の数々は、たんなるノスタルジー（郷愁）を超えて、当代の武士たち――政治の実権を握っ

ている上層部もふくむ――を批判・鼓舞する意味合いが強かったのではないかと思われてくる。当代を直接に批判しにくいときに、理想的な往古の姿を述べることでそれに代えるという、歴史家の筆法である。

当代武士の実態

このことは、当代の幕府組織がどのような体質であったのかを知ることで、よりはっきりと浮かび上がってくるだろう。『雑話』のなかでは、上記のようにあくまでも「一般論」にとどまっているが、私信ではいろいろと具体的な事実がうかがえる。それらのなかから二つの例を紹介して、本章の締めくくりとしよう。

一つめは、享保八年（一七二三）二月十二日付青地礼幹書簡に鳩巣談話として記される、武藤庄三郎《むとうしょうざぶろう》の一件である（『兼山』六、643）。

前述のとおり、吉宗は諫言を奨励し、政治に有益な意見を広く求めた。これに応じて、小浜藩儒・松田善三郎の弟子で、小普請組《こぶしんぐみ》の武藤庄三郎が、経済的に困窮する幕臣の救済、その他の意見を建言しようとした。そこで上司の小普請頭《こぶしんがしら》へ建言書を持参したところ、「甚《はなは》だ仰天」され、「その身分際にて存じ寄り等申し上ぐべき儀、甚だ然るべからず候。第一、身の禍《わざはひ》に相成るべく候」といって受取りを拒否された。小普請の分際でそのような建言をするべきではない、逆にそなたのキャリアに瑕《きず》がつくぞ、という忠告である。

武藤は、自分の禍になることは構わないし、また身分にかかわらず建言せよというお達しでもあるから、それを実行したいのであるが、さりとて上司を通さずに建言することはできない。そこで武藤は、まず隠居して禄高三〇〇石を子息に譲り、組織から外れたうえで、みずからの建言を吉宗側近の有馬氏倫に提出したという。

鳩巣は、武藤の出処進退を見事と思っていたのであろう、礼幹にこの建言を見せ、ことのほかに「御善色」〔ご機嫌〕であったという。

二つめは、享保七年（一七二二）、吉宗が財政問題を専管する勝手掛《かってがかり》老中として任命した、水野《みずの》忠之《ただゆき》の一件である。

水野は新田開発、税制改革などで大きな成果を上げたが、しかし民間における評判はかなり悪く、「無理で人をこまらせるもの、生酔《なまよい》と水野和泉守《いずみのかみ》（忠之）」といった落書があったことが知られている（大石学『吉宗と享保の改革』二三五頁）。中国では、民衆から過度に租税を取り立てる役人のことを「収斂《しゅうれん》の臣」といって忌み嫌ったが、鳩巣は享保九年（一七二四）四月十日付書簡のなかで、「当路の人〔政権の重役〕は、専《もっぱ》ら聚斂（収）を以て政治をたすけ、師儒の徒〔道を教える者〕は、曲学〔間違った教え〕を以て正道を妨げ申す体《てい》に相見え申し候」と述べている（『浚新』六、186）。この「収斂」とは具体的には水野を指しているであろう。

また礼幹は享保七年（一七二二）十二月十二日付書簡のなかで、水野は「老中の権を執りて、聚《（収）》斂を事と致され候」（老中としての権力をふるい、税を取り立てるのをもっぱらとしている）ゆえ、勘定奉行はそれに従い、また吉宗側近の有馬氏倫も学問がないので、そのやり方を鵜呑みにしている、と書いている（『兼山』六、625）。ただし、勘定方でもひとり監査役（勘定吟味役）の萩原美雅《はぎわらよしまさ》のみは、「聚斂は国家の為によろしからず」とはっきり水野に進言した。萩原は鳩巣の講釈の常連で、その教えを拳拳服膺《けんけんふくよう》している人であった。

萩原の進言はこうであった（『兼山』六、633）。幕臣には、自分の領地をもつ知行《ちぎょう》取りと、領地をもたない蔵米《くらまい》（切米《きりまい》）取りの二通りがあったが、幕府は財政を立て直すための一策として、蔵米取りから俸給一〇〇俵につき四両ずつを「借金」していた。

たとえば、鳩巣のような二〇〇俵取りであれば、八両が差し引かれて支給される。八両といえば、現代の物価に換算すれば五十万円ほどになる。そのうえ蔵米そのものがいつまでたっても支給されず、鳩巣も蔵宿《くらやど》（幕府から支給される米を幕臣へ仲介する職業。金融業も行った。いわゆる札差《ふださし》）や、旧主である加賀藩に借金を願い出なければならないほどであった（『兼山』五、106B、595。なお前章参照）。幕府の御儒者と言えども、林家を除けば、思いのほか貧乏であったのだ。

　このように、蔵米取りたちは当面の生活に困窮しているのであるが、萩原は、昨今の収支状況を勘案すればそこまでする必要はないと、根拠を示しながら説明した。これを聞いた水野は「以《もっ》ての外《ほか》、気色損じ」（とても機嫌を損ね）、それは間違った考えだと萩原を叱りつけた。そこで有馬にこれを進言したが、有馬も水野同様に「散々《さんざん》機嫌損じ」、取り付く島もなかった。

が、その意見はやがて吉宗の耳に入り、萩原の意見を再度検討すべしとの下命があった。そこで萩原は再度、持論を述べる機会を得たのであったが、結局、幕府の方針は変わらず、萩原は「憤嘆」するしかなかったのである。

その数日後、吉宗への『貞観政要』講釈があったときに、鳩巣はそれとなく、正しい行いであっても、それが行き過ぎると悪い行いとなるということの喩えとして、この倹約の問題を持ち出した（『兼山』六、636）。倹約を奨励なさるのは大事なことであるが、しかしそれをあまりに徹底すると末々の者が困窮し、ひいては上様のためにならないと説いたところ、吉宗はその翌日、勘定奉行らを呼び出し、倹約を緩やかに実施する方法を検討するよう、命令したという。

以上二例は、結果的に、下の者の意見が上の者まで届いた例であったが、しかしその過程を見れば、まさしく「直諫は一番鎗より難し」（巻三－一二）にいう、「言語塞《ふさ》がりやすく、下情通じがた」い状況、あるいは「大敵外になし」（巻四－一七）にいう、「事おほに僉議がちにて、事実常に隠れ、下情常に塞」がった状況であったことが分かる。これでは組織内部から、厳しい諫言や有益な提言は、なかなか生まれにくい。このような「現実」を背景において、『雑話』の武士説話は読まれなければならない。

第六章　文学とは何か

1　詩文の楽しみ

義理と人情

鳩巣が『雑話』の執筆を本格的に開始したのが享保十七年（一七三二）正月であったこと、翌十八年（一七三三）正月に清書本が完成したことは、第三章に述べた。同年三月二十八日付、金沢にいる甥の大地昌言に宛てた書簡のなかで、鳩巣は『雑話』第五巻の内容について、次のように言っている（『可観』三〇、568）。

兎角《とかく》、人情往来を合点《がてん》致さず候ては、悪しく偏狭に成るものに候故、信集には末々《すえずえ》娯遊の事をのべ、「楽しみて淫せず」の意味を著《あらわ》し申し候。

『雑話』は基本的に道徳・学問について書いているが、人情のことを理解しなくては狭く偏ってしまうから、「信集」（仁・義・礼・智・信のうちの信、つまり第五巻）には、娯楽のこと（具体的には詩文の楽しみ）を述べておくのだと。

概して朱子学者は、詩文の制作を、道義の考究よりも下位に置いた。「文学とは道を載せる器である」という考え（載道説）が、彼らの文学に対するスタンスを端的に示している。詩文といえども、「道」から離れてはならないのである。
「宋儒の頭巾気《ずきんぎ》」（平賀源内《ひらがげんない》『風流志道軒伝《ふうりゅうしどうけんでん》』）という言葉があるが、これは宋代の儒学者が生真面目なことを揶揄《やゆ》したもの。朱子学派の文学観とは、基本的には、そういう「お堅い」ものであった。

わが国の朱子学各派のなかで、このイメージに最も合致するのは、闇斎学派の儒者たちである。彼らは道義の追究をこそ学問とし、詩文の制作にふけることを潔《いさぎよ》しとしなかった。鳩巣がこの派の人々の心底に通じるものがあったことは前に見たとおりだが、しかし詩文の制作については、彼らとは違って、むしろ積極的に取り組もうとする。そしてその詩文の内容や技術についても、ある種の「こだわり」があった。

では実際、鳩巣はどのような文学観をもっていたのか。本章ではその問題について、『雑話』に展開されている言説を中心に、考えてみよう。

まずは漢詩から見る。

漢詩の好尚

鳩巣の漢詩についての考えがうかがえるのが、「詩文の評品」（巻五 - 五）である。本話は、友人たちが鳩巣のもとに集い、詩文は学問の余事なれば、急務には候はねど、これも芸に游ぶの類とや申すべき。翁の詩文の論を承りたく候。

〔詩文は学問の余技であるから、急務ではないが、これも学芸を楽しむことになるのであろうか。翁の詩文についての考えをうかがいたい〕

といって、詩文について問うところから始まる。ここでも、詩文はあくまで「学問の余事」という、朱子学の前提が示される。そしてこれに答えるかたちで、鳩巣が自分の漢詩の好みを論じていく。

『詩経』はもちろん、漢魏以後の詩も、しばらくは風雅の趣を失わなかった。しかるに六朝になると、きらびやかさや華やかさを追求するようになったので、風雅の趣は滅んでしまった。その後、唐の時代になって、李杜王孟〔李白《りはく》・杜甫《とほ》・王維《おうい》・孟浩然《もうこうねん》〕らが出て六朝のなごりを一洗し、大いに古風を盛り立てた。盛唐の詩は古代から時代が遠く隔たっているが、風景や人情を表現するときに、なお風雅の余韻があって、自然と人の心を感動させる霊妙さがある。よって学者が「性情」〔感情〕を吟詠するには、唐詩も捨てがたいものである。（要約）

ここでいう「風雅」とは、『詩経』の篇名にいう「風」(国風ともいう)と「雅」(大雅・小雅に分かれる)をさす。「風」とは諸国の民謡で、庶民の心情が詠まれたもの。「雅」とは宮廷の楽歌で、天下の政事が詠まれたもの。この「風雅」の詩は、六朝時代にいったん廃れたものの、唐代においてやや復活する。よって唐詩に注目すべきなのだという。

では、その「風雅」の詩とは、どのような内実をもったものであったのか。この問題については、鳩巣をふくむ近世前期の朱子学者たちの作詩活動について考察した、揖斐高の論考が参考になる(『江戸詩歌論』第一部第二章)。

揖斐は、鳩巣らが基本的にもっていた漢詩についての考えを、「風雅詩観」と名づけている。「風雅詩観」とは、『詩経』の「風雅」の詩を規範とし、朱子学でいうところの「性情の正」が発露した詩を、理想的なありかたと考える詩観である。

「性情の正」とは、たとえば肉親の死にさいして、心から「悲しい」と思い、満開の梅の花を見て、心から「美しい」と思う、そういう嘘いつわりのない「誠《まこと》」の気持ちである。朱子学において、このような純真・無垢な「情」は、「正しい情」として肯定された。そして、そういう「情」を詠み込んだものが、優れた詩と考えられたわけだ。

揖斐によれば、このような詩観によることで、近世前期の朱子学者たちは、本章冒頭に示した「お堅い」文学観からいささか解放され、自分たちのまっすぐな感情を、ある程度自由に詠めるようになったのだと言う。彼らが詩文に遊ぶための理論的根拠を、「風雅詩観」は与えたということである。

この見解はおおむね妥当と思われるのであるが、しかし揖斐は、彼らがこのような詩観をどのように形成したのかについては、ほとんど言及していない。よって一見、こういった詩観が、彼らの「発明」であったかのような誤解を招きかねない。そこでついでながら、この点を少々補足しておこう。

彼らが参考にしたのは、やはり本家中国の詩論である。まず「風雅」については、たとえば宋代の詩論で、日本でもよく読まれた『詩人玉屑《しじんぎょくせつ》』巻九に、楊亀山《ようきざん》の『亀山先生語《きざんせんせいご》録《ろく》』を引いて、「詩を作るに風雅の意を知らずんば、もって詩を作るべからず」とあり、同じく巻一三に、鍾嶸《しょうこう》『詩評《しひょう》』（「詩品」）を引いて、「嗣宗《しそう》〔阮籍《げんせき》〕が詩、その源は風雅に出づ」などとあるのが確認できる。

また「性情の正」を詩論に結びつける言説については、たとえば朱熹の『詩経集註《しきょうしっちゅう》』大序注に、「国風」の詩を評して「人々皆以てその性情の正を得ることあり」などとあるし、元代の随筆でこれも日本でよく読まれた『輟耕録《てっこうろく》』巻九には、この朱熹の言い方を踏襲した盧疎斎《ろそさい》の詩論が引かれている。

日本の朱子学者たちは、これら中国の詩論を援用しつつ、作詩活動を行っていたのであった。鳩巣もむろん、その例外ではない。

中晩唐、宋詩への姿勢

鳩巣は上に続けて、盛唐の杜甫・李白・王維らの詩は、言外に何ともいえぬ余情があることを、宋・明の人々の言を引きながら述べたあと、次のように言う。

中唐から晩唐にかけては、その詩が風雅から遠ざかってきた。孟郊《もうこう》・賈島《かとう》・白居易《はつきよい》・李商隠《りしょういん》・温庭筠《おんていいん》らの詩は、いずれも「詩の厄《やく》〔わざわい〕」と言うべきものだ。趣向が卑しく、品格が低く、見るに足りない。おおむね音律にこだわり、形式におちいり、「詩は性情を吟詠す」るものだということを知らない。（要約）

このなかで目を引くのは、やはり白居易の評価の低さであろう。この点は、「倭歌《わか》に感興の益あり」（巻五―六）に、次のようにあるので補える。いわく、わが国中古の人たちは、白居易の詩が平易で通じやすいので、それを好んで学んだ。ゆえに彼らの詩はみな「膚浅粗俗」〔底が浅く下品〕であり、見るに足らない。かえって日本中世の五山僧が詠んだ絶句の、一種淡泊な味わいがあるもののほうがましである、と。

白居易の詩は、蘇東坡《そとうば》が「白俗《はくぞく》」と言ってその平俗性を酷評したことで著名であり、わが国近世においても中期ごろまでは、基本的に低評価であった。また晩唐の詩に対する評価も、本章でたびたび引く『詩人玉屑』巻一六「晩唐」に、蔡居厚《さいきよこう》の『詩史《しし》』を引用して

「晩唐の人の詩、小巧〔こまかい装飾〕を多くして、風騒の気味〔風雅の趣〕無し」とあるのをはじめとして、ある程度一般的な認識を踏まえたものだったと言える。

木門の諸儒が盛唐詩を高く評価する傾向にあったこと、その意味で木門といえども、徂徠学派と同じく擬古詩的傾向をもっていたことは、近年たびたび指摘されている（杉下元明「木門の詩と詩論」、山本嘉孝『詩文と経世』第二章、ほか）。しかし、この木門の盛唐詩評価・擬古詩的傾向は、見てきたように、木門が独自に展開した傾向というよりは、宋代詩論を忠実になぞった結果だったと言うほうが、事実に近いだろう。大雑把に言えば、木門は宋代詩論から盛唐詩・擬古詩に至り、徂徠学派は明代詩論から盛唐詩・擬古詩に至ったということである。ただし両者には重大な相違点もある。この点は後述する。

ふたたび「詩文の評品」に戻れば、鳩巣は、中唐の盧綸《ろりん》、南宋の志南《しなん》、北宋の邵康節《しょうこうせつ》という三人の、似たような趣向を詠んだ詩句を比べて、盧綸は「辞《ことば》」を主とし、志南と康節は「情《こころ》」を主とすると指摘し、さらに「詩は、辞に拘《こだは》れば理窟に落ちて味なく、情に発すれば意思を含みて味あり」とする。

後述するように、明代の古文辞学の影響を受けた徂徠門流は、平淡な味わいを貴ぶ宋代の詩風を退けたが、鳩巣は宋代の詩風を、中晩唐のそれよりも高く評価する。これはおそらく、「文に韓柳歐蘇あるは、詩に李杜王孟あるがごとし」（巻五－八「作文は読書にあり」）として、韓退之《かんたいし》・柳宗元《りゅうそうげん》・歐陽修《おうようしゅう》・蘇東坡ら、宋代の文章を評価する態度と連動している。

組徠学的「古文辞」詩

鳩巣は続けて言う。

いま、「辞《ことば》」よりも「情《こころ》」が大切とは言ったが、初学の人は、「辞」の雅俗を知らなければ、すぐに「情」の問題には及べない。いま好んで詩を詠じる人を見るに、多くは日ごろ唐詩をくわしく勉強せずに、ただ自分の思いを先立てて、「俗腸」〔いやしい心〕からいきなり詠み出すものだから、巧みなものは「誹諧《はいかい》」を聞いているようだし、拙いものは「禅録」を読んでいるようだ。（現代語訳）

「辞《ことば》」の雅俗を知らない者が作った詩は、出来のよいものは俳諧のように俗っぽいし、出来の悪いものは禅僧の語録のように小むずかしい、と言うのだ。ここも基本的には、朱熹の詩論における「先ず古今の体製〔様式〕、雅俗の郷背〔是非〕を識得〔理解〕すべし」「方寸〔心〕の中、一字世俗の言語意思なからしめんことを要す〔一文字も世俗的な言葉や気持ちがないことが必要だ〕」（『詩人玉屑』巻一「詩法」）などといった、雅俗弁別の姿勢によったものである。

ところが、近ごろの人の詩として、鳩巣はまた別の例を出す。それは、何の考えもなく楽府《がふ》（漢魏六朝時代の歌謡）や古詩の言葉を剽窃《ひょうせつ》して、古雅であることを自慢し、自分たちこそが本当の詩人だと思っている人たちである。

彼らの詩を読むと、みだりに細かく、なめらかでうるわしいが、まったく意味の筋道がとおらず、まるで浮き草か根無しの茨のようである。文字の化け物と言ってもよかろう。しかるにその一党の人たちは、このような詩を崇めて文雅風流と言い、くわえて「聖人の道は文雅風流なる物」と言っていると聞く。詩が文雅風流というならそれでもよいが、道が文雅風流であるとは、いったいどういうことなのか。（現代語訳）

先日、ある人が私（鳩巣）にこの話をしてくれたので、私は、「さては孔子や孟子よりも、詩人や音楽家のほうが「道」に近かったのか。今まで知らなかったのはまことに残念だ」と皮肉まじりの戯言を述べた、と付け加える。

「道は文雅風流である」というのは、第四章に述べた、徂徠学派の人たちの発言を踏まえている。彼らがつくる「古文辞」の詩は、外見は華やかだが、中身はないと批判しているのである。

このような徂徠学的「古文辞」詩への反発は、一般に、十八世紀半ばごろ、徂徠学のお膝元である江戸から離れた京坂の地で起こってきたとされる（揖斐高『江戸詩歌論』第一部第三章）。そしてそれは、明末の袁中郎《えんちゅうろう》らが唱えた「性霊説《せいれいせつ》」という文学論が媒介となったとも言われるが、鳩巣はそれよりも二〇年も早く、江戸のど真ん中で、性霊説を介することなく、批判の声を上げていたのだった。このことは、徂徠学的「古文辞」詩の批判言説史のなかで、もっと注意されるべき問題である。

そして鳩巣は最後にもう一度、詩文は学者が心血を注ぐようなものであってはならない。ただし、まったく風雅を知らないのも、性格がかどかどしくなってよくない、と念押ししている。

ふたつの「古文」

次に、鳩巣の文章論を見てみよう。「作文は読書にあり」（巻五－八）は、どのような文章を、どのように学ぶべきかが書かれた一篇である。なお、ここで言う文章とは、漢詩に対する「漢文」のことである。

鳩巣は言う。哲学的な思考については、わが国の人は、中国の人に劣らない。宋・明の諸儒の説を議論し、及ばないところを解明したりするからである。しかし文章については、日本語をもって訓読し、返り点などを付けて顚倒《てんとう》して読んできたせいで、なかなか身に付けられない。みずから誇らしげに「古文辞」と称している人もいるが、「大かた見るにたらぬ事にて候」。たとえて言えば、金持ちの商人が貴人の風流を真似ているようなもので、そこには例の「やすらかにして、おのづから風流なる」（ゆったりとして、自然に風流である）さまがなくて、なんとも卑しさがにじみ出ているのである。

そうならないためには、韓退之・柳宗元・歐陽修・蘇東坡など、古文復興運動にたずさわった、いわゆる「唐宋八大家《とうそうはちたいか》」の文章を勉強するとよい。八大家の文章は「平易条暢《じょうちょう》」（分かりやすく、のびやか）で、いまの人が好む明の李攀龍《りはんりょう》・王世貞《おうせいてい》のような「詭異難渋」（あやしく、むずかしい）なるものではない。（要約）

ここでは、当世わが国で「古文辞」を唱えている、徂徠学派の文章の「ニセモノ」感が批判されている。そして、彼らが影響を受けた李・王ら明代古文辞学派の難渋な文章よりも、韓柳歐蘇ら唐宋八大家の達意の文章をこそ習得すべきだという。

鳩巣はさらに続けて言う。

わが朱子学の徒は、文辞の習得に心を尽くすことをしないので、必ずしも文章家に学ぶ必要はないが、ふだんからこなれた過不足のない文章を書きたいと思うのであれば、「古文辞をよむにつとむべし」。（現代語訳）

そうして「古文辞」を深く読み込めば、いつかは古人の口ぶりに慣れ、古人の作意を得て、心に喜びが生まれてくるだろう。そのときは自分で創作してみるのもよい。ただし十に七、八は読書、残りの二、三を創作に当てるべきだ。そうすれば韓柳欧蘇とまではいかずとも、それなりに達意の文章が書けるようになるだろう、と。

ここで鳩巣が言っている「古文辞」とは、「多銭善賈《たせんよくこす》」（巻五－九）で述べている内容も勘案するに、先秦・両漢（秦《しん》以前と前漢・後漢）までの文章のことである。すなわち、「古文辞」を学習すべきだという点に関しては、鳩巣と徂徠学派は共通していた。その意味で、両者はいずれも「古文辞学派」だと言えるのである。ただし山本嘉孝が指摘するように、その学習にあたって、唐宋八大家の「古文」を参考にするのか、明代古文辞派の「古文」を参考にするのかで、両者の見解は分かれるのだった（『詩文と経世』第六章）。

「多銭善賈」は次のような話で締めくくられる。「文章は韓柳欧蘇に至りて、もはや加ふべからず」、つまり最高の域に達している。しかるに「世の宿儒（名望のある儒者）と称する人」（具体的には徂徠）が、浅薄で猥雑《わいざつ》な文章でもって、やたらに韓・欧をそしり笑っているらしい。もっとも、韓退之は自分の文章が人から笑われると、かえって嬉しく思ったという。なぜなら、俗人には理解できない域に達しているからだ、と。

明代古文辞派の問題点

鳩巣はこのように、唐宋八大家を評価し、明代古文辞派を批判したのであるが、同じ「古文」でありながら、明代古文辞派は何がいけないというのだろうか。

「文章の盛衰」（巻五－一〇）は、両漢から明代までの文章を概観したものであるが、明代については次のように書かれている。

明の中葉より、いよいよ文章は凋落した。そこで古文に志がある人が復古矯俗を試みたが、それは「古に似て古にあらず、雅に似て雅にあら」ざるものであった。最後に李攀龍・王世貞が出て、「奇怪の文章を造作し、狂蕩の論を譸張《ちゅうちょう》し〔でたらめをいう〕」たため、世の中がそれになびいてしまった。（要約）

これは明の前七子《ぜんしちし》・後七子《ごしちし》と呼ばれる人々の古文復興運動を言っている。そして明末の李・王の文章や議論を「奇怪」「狂蕩」と批判する。

また、「曇陽大師《どんようたいし》」（巻五－一二）では、まず文章には「義理」（道理）の存していることが大切だと説かれる。それに対して、李・王の文章は一見きらびやかであるが、明眼の士が見れば、上辺だけに過ぎないことが知られる。彼らの人となりを考えるに、「狂率軽俳

〈かるはずみで、ふざけている〉にして、夢にも義理しりたる人とは見えず」、と手厳しい。
続けて、王世貞の伝記をやや詳しく述べている。

世貞には、心ならず家族・友人と別れなければならなかったという、つらい過去があったようだが、そのために仏教におぼれ、まるで精神の安定を喪った人になってしまった。しかし当時はその文才によって世に迎えられ、儒者の王陽明《おうようめい》と並べて「二王」などといってもてはやされた。

私が思うに、「明朝の学は二王に変ず。義理の学は陽明に変じ、文章の学は鳳州《ほうしゅう》（世貞）に変ず」。ただし、陽明の良知の学は心の持ちようにかかわるからまだよいが、世貞の文章は、名誉をきらい掟をやぶり、ただ文事風流をもって学問とする。その害は、晋の竹林の七賢が、世を遠ざけて「清談」に明け暮れたのに似て、なお甚だしいというべきだ。（要約）

王世貞肖像（『呉郡明賢図伝賛《ごぐんめいけんずでんさん》』巻九、国立公文書館内閣文庫蔵）

このように見てくると、明代古文辞派批判の論点は、「文章に義理が存するか否か」にあったことが分かってくる。

再び徂徠学への批判

次の「寸鉄人をころす」（巻五－一二）は、文章の上達法を具体的に述べたものであるが、ここで批判の矛先は、当世の学者に及ぶ。

「今世の学者」は、多く才気はあるが軽薄で、道の実践に心を用いず、ただ文辞を競うことに明け暮れて、虚名を求めない者はない。師となる者がたとえ強く戒めたとしても、絶えることはないだろう。いわんや「道は文雅風流にあり」という説をもってこれを誘うならば、みな追従するはずだ。だが、

もし道が文章にあるというならば、それは孔子の文章において、道徳の美が威儀正しく文辞に表れていることをいう。いま、ただ文辞そのものが道であるというときは、玉帛《ぎょくはく》〔玉石と絹〕をもって礼といい、鐘鼓〔鐘と太鼓〕をもって楽《がく》というのと同じことである。（現代語訳）

「今世の学者」が徂徠学派を指していることは、「道は文雅風流にあり」とあることからも明白である。同様のことは、「言は身の文」（巻五－一三）でも述べられる。「かの世

儒」（徂徠）が言っていることは、わが身の言行をかえりみず、いたずらに文辞の末端を追い求めて、「聖賢の道ここにあり」とするものだ。これは「正学をみだり〔乱し〕、後世を誤まる〔誤らせる〕」ものである、と。

以上見てきたことから分かることは、鳩巣が宋代の「古文」を評価し、明代の「古文」を批判するのは、どんなスタイルの詩を作るかとか、どんな文辞を使って表現するかというような、形式・表現上の問題ではない。鳩巣が問題にしているのは、そこに「義理」が存するかどうか、ということである。

これは、前述した詩論についても当てはまる。詩文はあくまでも道を表現する手段であって、道の本体ではない。すなわち鳩巣において、「文学とは道を載せる器である」という前提は、やはり確固たるものとして存在したのである。

たしかに鳩巣と徂徠が、同じ「古文辞」の徒であるという言い方は可能である。しかし、「古文辞」に何を求めていたかという点に、埋めることのできない重大な溝があることは、やはり忘れてはならない。

2 日本古典への造詣

鳩巣と和歌

ところで、『雑話』のなかには、中国の漢詩・漢文とともに、日本の和歌・和文の引用も多い。

「作文は読書にあり」(巻五—八)に、「翁いとけなかりし比《ころ》、小倉《をぐら》の百首をよみ習ひしより、和歌のをかしきふしをもかはたし承りしり(和歌のおもしろさも、少しばかりは理解した)」とあるように、鳩巣は『百人一首』を通じて、幼少期から和歌に興味をもっていた。

また、享保八年(一七二三)十月九日付書簡のなかで、鳩巣は吉宗から、「私(鳩巣)事は、和歌をも好み申す様、御聞き遊ばされ候。堂上方《とうしょうかた》などへ承り申す儀もこれある哉《や》」(『兼山』七、686)と尋ねられたという。吉宗は鳩巣が和歌を好んでいるということを聞き知り、「堂上方」(公家)に入門して和歌を勉強したことはあるのかと質問したのである。

当時和歌の世界では、中世以来の伝統を継承する堂上家が大きな権威をもっており、堂上家に入門して詠み習うことが、本格的な和歌の修行法であった。上の吉宗の質問に対し、鳩巣は「左様《さよう》の儀は終《つい》にこれなき由」を申し上げたというから、鳩巣の和歌はいわゆる

「本格派」ではなかった。しかしここで注意しておきたいのは、鳩巣がみずから「和歌好き」であることを認めている点である。

儒者の和学

中国で生まれ、育まれた哲学・歴史・文学についての学問を「漢学」というが、それと対比して、日本についてのそれを「和学」という。儒者は当然ながら「漢学」をする人たちであったわけだが、「和学」に無関心であるわけにはいかなかった。

なぜか。それは結局、彼らが日本の儒者であり、日本の歴史や、日本人の心性を知らなければ、みずからの学んだ知識を実践できないからである。

林家第二代の林鵞峰はこう言っている。

本朝に生まれて本朝の事を知らずんばあるべからず。故《ゆえ》に倭書も亦《ま》た読むべし。（中略）諸家に兼ね通ぜざるときは、則ち塞《ふさ》がる所あり。（『鵞《が》峰林学士文集《ほうりんがくしぶんしゅう》』巻六一所収「童難に答ふ」）

〔日本に生まれて日本のことを知らないでは済まされない。よって、日本の書籍も勉強すべきだ。（中略）さまざまな学問に通じていないと、閉塞してしまうことになる〕

この意味で、日本の儒者は必然的に「和学者」でもあるべきだった。

しかし、右の引用でいう「本朝の事」とは、基本的には哲学（神道）・歴史についてであり、和歌や物語といった文学の領域には、鵞峰はそこまで深くは言及しなかった。その理由は、和歌や物語には堂上家の長い研究の歴史があり、そこに容喙《ようかい》するのは難しかったからである。

鵞峰の父・羅山には、次のようなエピソードも残っている。

徳川家康が、柿本人丸《かきのもとのひとまろ》（人麻呂）の伝記について問うたことがあった。そばにいた羅山が、その知識を滔々と述べたところ、同席していた堂上家の冷泉為満《れいぜいためみつ》が、苦虫を噛み潰したような顔をして閉口していた。羅山がそのことを、友人で歌学者の松永貞徳《まつながていとく》に話すと、貞徳は次のように羅山を諭したという。

いやそれは、そこの卒爾《そつじ》なり。人丸相伝とて、定家卿よりある事なり。和歌の大儀なり。儒学の格に思ひ給ふべからず。（『戴恩記《たいおんき》』巻上）

〔いや、それはあなたが軽率であったのだ。人丸相伝といって、（藤原）定家卿の時から存在しているもので、和歌の重要な秘伝である。儒学と同じようなしきたりで考えてはならない〕

和歌と儒学では、学問のしきたりが違うというのである。和歌の世界は、儒者にとって安易には踏み込めない世界であったのだ。

もっとも後述のように、『伊勢物語』『源氏物語』などについては、多くは否定的文脈においてではあるが、儒者も言及することがある。しかし、たとえばある和歌の解釈について、新しい説を述べたとしても、堂上家に相手にされることはまずない。だから言っても仕方がない、というのが、儒者の普通の態度であった。

そのような状況のなか、鳩巣がとくに和歌について論及する態度は、当時の儒者のなかでもかなり踏み込んだものであったと言える。以下、この点について考えてみたい。

和歌と漢詩

そもそも鳩巣は、和歌をどのようなものとしてとらえていたであろうか。「倭歌に感興の益あり」（巻五－六）に、次のようにある。

和歌と漢詩は、言葉は違うが、「性情を吟詠」するという点では共通している。しかし、漢詩は言葉と道理がともに備わり、「曲に人情を尽《つぶさ》くす」ことができるので、和歌よりも優れている。自分は若いときから盛唐詩を好んで読んできた。たとえば、賈至《かし》が泰平の世を寿《ことほ》いだ「早《つと》に大明宮《たいめいきゅう》に朝《ちょう》する」という詩を読むと、言葉が光輝いているように見えるのみならず、泰平の様子が目前に浮かぶようである。このような風情を描く段になると、和

歌の光は、漢詩の光の前にまったくかすんで見える。ただし、

その情に発する一ふしは、おのづから詩にかなふ所ありて、人心を起こす益なきにあらず。

このように鳩巣は、言葉のきめ細かさ、表現の豊かさという点では、和歌は漢詩に劣ると考えている。しかし、「情に発する一ふし」、つまり性情を吟詠したものについては、自然と漢詩にかない、人を感動させるものがあると言う。

『古今集』を読む

では、鳩巣はどのように和歌を解釈しているだろうか。具体例を見てみよう。

「年内の立春」（巻一－一五）に、「見ぬ京物語に似候へども」、つまり和歌については門外漢であるが、と断りつつ、次のように語っている。

『古今集』は、在原元方《ありわらのもとかた》「年のうちに春は来にけり一年《ひととせ》を　去年《こぞ》とやいはむ今年とやいはむ」という歌ではじまる。これは、いわゆる年内立春、つまり暦のうえで十二月のうちに立春が訪れた年のことを詠んだもので、「十二月なので去年といってよいのか、春なので今年と言ってよいのか迷ってしまうが、いずれにしろめでたい」の意。

二十一代集をはじめ、家々の集でも、春の巻頭にはだいたい「空の霞」とか「谷の鶯」など春の景物をもって、春が立つことを詠む。しかしそれは、春の初めを表現するには、第二段に落ちる。いまだ冬が深く、何の景色も見えないときに、景色を離れて詠むのは、どんな言葉の種にすがればよいものか、とても難しいことだが、「去年とやいはむ今年とやいはむ」とは、何の造作もなく、いかにも趣深く作りなしたものだ。
（現代語訳）

まずはこのように感心する。だが、鳩巣がこの歌を評価するのは、言葉の面白さゆえではない。これを自分の「修行」に引き当てて解釈するのである。言うところはこうだ。

わが心に人知れず一念が兆すのは、独りでいるとき、あるいは人目につかないときなので、まだ何の景色も見えず、いわば年の内に春が来るのと同じだ。その一念の兆すところには、すでに善悪の区別があるので、年の内に去年と今年が分かれるのと同じである。「千里の謬《あやまり》も毫釐《ごうりん》の差《たがひ》〔わずかな誤差〕より起こる」というのは、これである。正誤の境界、善悪の関所と知るべきである。

だから目を離さずこの関所を守って、われとわが心に「善とやいはん、悪とやいはん」と尋ねながら、一すじに悪を去り、善に向かうことこそが、われわれ儒者の修行の基本である。

このように元方の歌は、言葉が面白いだけではなく、儒学の深い教えにもなぞらえることができるから、常に口ずさめば、自分の心を省るための助けになる。（要約）

元方の歌をこのように解釈するのは、もとより曲解であろう。しかし鳩巣はけっして、元方がそのように詠んだと言っているわけではない。自分はそのように解釈したいと言っているだけだ。

朱熹は『詩経』を解釈するにあたって、読者側にその読み替えの余地を残したとされる。たとえその詩の内容が道徳に反するものであっても、読者側に道徳が備わっていれば、そこに何らかの意義が見出せるという論である（土田健次郎『江戸の朱子学』第七章）。上の歌の解釈が、鳩巣の曲解であることは間違いない。とはいえそれは、ことさらに「誤った」読みの作法ではなかったのだ。

『万葉集』の評価

続く「神ひぢての歌」（巻一―一六）のなかで鳩巣は、漢詩や和歌というものは、必ずしもみずから創作するのではなく、『万葉集』『古今集』などの歌を、時に応じて思い出し、口ずさむだけでも、心が安らかになるものだと言っている。

基本的に、古人の残した詩歌さえあればこと足りるという考えは、古典主義の究極の姿である。独創や新調（オリジナル）よりも、伝統や踏襲（カバー）に意味を見出すという行き方だ。新しい作品を創作するだけでなく、古書を読んだり古歌を詠じたりするという一見受容的な行為もまた、じゅうぶんに「文学」である。そして前近代は、このような「文学」のあり方が、現代よりも大きな意味と価値をもっていた時代であった。

ところで、ここで鳩巣が『古今集』とならべて、『万葉集』をも挙げていることに注意したい。鳩巣は、『万葉集』のどこに関心をもっていたのであろうか。そのことは、「不忮《そこなわず》不求《もとめず》」（巻二―七）のなかの次の言説から、ある程度推測されるようである。

鳩巣は言う。自分は折に触れて和歌も作るが、それらはまるで無風流なものであり、京都の公家衆などが見れば、おそらく一笑に付すであろう。しかし、

「詩は人情に発す」とあれば、なにのいはざる事かあるべき。三百篇を見てしるべし。「和歌は人の心を種として、よろづの言の葉となれり」とあれば、なにのよまざる事かあるべき。『万葉集』を見てしるべし。

〔「詩は人情に発す」と言われるからには、どんな思いでも、詩にできないことはない。『詩経』の三百篇の詩を見れば知られよう。「和歌は人の心を種として、よろづの言の葉

となれり」と言われるからには、どんな思いでも、歌にできないことはない。『万葉集』を見れば知られよう」

「詩は人情に発す」とは、『詩経』大序の「詩は志の之《ゆ》く所なり」、あるいはそれを解説した朱熹『詩経集註』序の「詩は人心の物に感じて、言に形《あら》はるの餘なり」あたりを言い換えたもの。「和歌は人の心を種として」云々は、紀貫之『古今集』仮名序を踏まえる。詩や歌は、みずからの心を、言葉として表現したもの。ならばどんな思いも、詠んではならないということはない。その証拠として、『万葉集』が挙げられているのである。

　これと似たような言説は、京都の儒医であった中山三柳《なかやまさんりゅう》の『醍醐随筆《だいごずいひつ》』（寛文十年〈一六七〇〉刊）巻下にも見られる。

　和歌はもともと、心に移りゆくことを口に発するだけで、技巧を用いるものではなかった。後世になって、次第に式法がやかましくなり、秘伝なども多くなって、庶民などは一言も発せられないと、恐れはばかっている。しかし、心の浅い言葉であったとしても、誰がとがめるだろう。

　古歌を集めて見ると、唐人がものを言っているように理解できないものばかりではない。おおかたは、誰もが口に出すような普通のことが詠まれている。だから、「なにをおそれ、なにをはばかるべきや」。

そのうえ、後世の和歌は技巧を凝らし、なぞなぞを掛けたようなものがある。人丸・赤人の歌にはむずかしい歌もあるが、「大むね、すなほなる心より、いつはらずしていひ出せる」、『詩経』大雅の「正風体」であると思える。（現代語訳）

和歌は堂上家の専有物ではなく、万人に開かれたものであること、「すなほ」で「いつはら」ない心を詠めばそれでよいこと、人丸・赤人の和歌がその具体例として挙げられていること、そして『詩経』がその理論的根拠になっていること、これらはすべて、鳩巣の言うところと重なる。

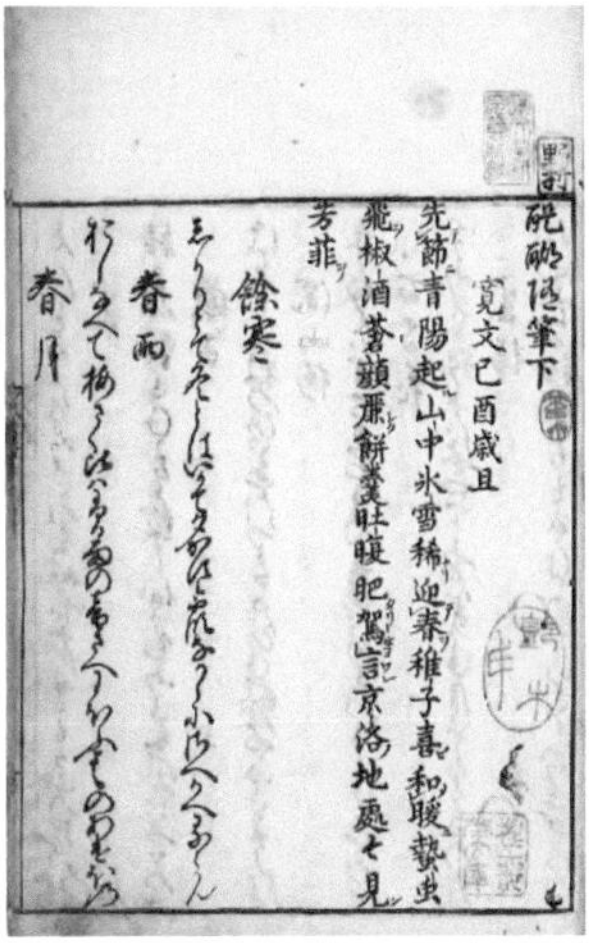

『醍醐随筆』巻下（国文学研究資料館鵜飼文庫蔵）

『万葉集』の研究は、元禄ごろ（一七〇〇年前後）からしだいに盛んになっていき、十八世紀後半以降の国学者たちによって、学問として確立する。そしてその動きは、前述した堂上家ではなく、地下（非・堂上家）の歌学者たちの手によって加速した。つまり『万葉集』の研究は、伝統的な歌学の周辺で生まれ、成長していったのである。鳩巣の『万葉集』評価も、このような研究界の動向と無関係ではないだろう。

兼好と『徒然草』

次に、鳩巣が和歌以外の日本の古典についてどのような考えをもっていたのかを、「つれづれ草」（巻四－五）という一篇から探ってみることにしよう。

ある日、客人たちが鳩巣のもとを訪れた。そのときある人が、鳩巣の傍らに『徒然草』が置いてあったのを見て、「先生は『徒然草』を愛読されているのですか」と尋ねた。鳩巣は、「いえいえ、病気のため臥《ふ》せりがちで、日を暮らしかねているので、このような書を若い弟子たちに読ませて、聞いているだけです。さして好むというわけではございません」と答える。このようなやり取りのあと、まずは兼好の人物についての論評がはじまる。

この世には一種の「侘人《わびびと》」（世をはかなむ人）がいて、兼好のことを慕っている。それは、兼好が名利を厭い、閑寂を楽しむことに同心するからだ。しかし、自分はそれも確かなことだとは思っていない。（現代語訳）

その理由として鳩巣は、まず『太平記』のなかに、兼好が高師直《こうのもろなお》から依頼された不義の艶書を代筆したという話が載っていること、また『園太暦《えんたいりやく》』という本に、兼好が伊賀守橘《たちばなの》成忠《なりただ》の招きによって伊賀国に下り、成忠の娘と密通したと書かれていることを挙げる。そうして鳩巣は、「これにてしるべし、（兼好は）世に諂《へつ》らひ色にふけり、隠逸をこのみ名利をいとふといへど、もとより隠者の操《みさお》〔節操〕ある人にあらず」と言う。

『太平記』および『園太暦』の逸話は、江戸時代の兼好伝記類には必ず載っているもので、兼好の節操を疑わせるゴシップ話である。兼好擁護派は、これらをたんなる虚構としたり、深い策謀があったに違いないと解釈したりして、その名誉回復に努めたが（川平敏文『兼好法師の虚像』第五章）、鳩巣はそれを真実と考えていたようだ。

ちなみに、兼好が伊賀に下って女と密通したという逸話は、鳩巣の写本随筆『駿台随筆』巻一にも見えており、そこでは「拾翠軒《しゆうすいけん》の主人」からこの話を聞いたという。拾翠軒とは、幕府和学方《わがくかた》であった北村季吟《きたむらきぎん》（拾穂軒《しゆうすいけん》）であろうか。ともあれ、鳩巣はここでも、「かの兼好が人となり、知るべし〔推し測られる〕」と言って批判している。

さて、鳩巣は続けて言う。

兼好は仏教になずみ、くり返し出家を説くかと思えば、女色を強く望み、淫奔を語る。「なにの見識かあるべき」。しかし、これは『徒然草』にかぎったことではない。わが国の物語・草子というものは、三鏡（『大鏡』『水鏡』『増鏡』）と『栄花物語』などのほかは、「いづれも取るにたらぬものにて候」。だいたいは手ぬるい「仏ばなし」（仏教にちなんだ話）であり、嫌になってしまうが、これは世の中の悪弊であるからどうしようもない。（要約）

『大鏡』『水鏡』『増鏡』『栄花物語』は、後世、「歴史物語」と呼ばれるものである。儒学的な文学観からすれば、歴史書はもちろん許容される。しかし、そのほかの物語・草子類は「いづれも取るにたらぬもの」なのであった。

『伊勢物語』『源氏物語』は宝か？

鳩巣はここから、『伊勢物語』『源氏物語』について論及する。

これらは、年若い男女には読むのを禁止すべきだ。淫乱をみちびく仲立ちにもなるからである。ところが堂上家に、『源氏物語』をわが国の宝などというのは、どういうわけか。さだめし文章のすばらしさに心酔しているのであろうが、それはいわゆる「庶子の春花を採りて、家丞《かじょう》の秋実を忘る」（花をとって実を失うという意の諺）というものだ。それに近き世、この物語を注釈したり講釈したりするとき、『詩経』の淫奔の詩になぞらえて世の教えとするということがあるが、それは俗にいう杓子定規、す

なわち誤った基準でものを測ることである。（現代語訳）

『源氏物語』を『詩経』になぞらえる説は、古くは室町初期の四辻善成《よつつじよしなり》による注釈書『河海抄《かかいしょう》』などにあるが、江戸時代であれば、たとえば熊沢蕃山の『源氏外伝《げんじがいでん》』序に、「毛詩にも淫風をのこせるは、善悪共に人情に達せんが為なり」（『詩経』に男女間の淫らな風習を詠んだ詩が載っているのは、善と悪どちらも描くことで、人情に通達させるためだ）などと見えている。

では、なぜそれが誤った基準でものを測ることになるのか。

『詩経』の国風は庶民の男女の情を表した詩なので、正もあり邪もある。ただし邪とはいっても、仲人をとおさずにひそかに情を交わしてしまったというだけのことであって、后妃を盗んだり、継母や夫のいない兄嫁と淫らな関係になったりということでは、けっしてない。また『伊勢』『源氏』のように、始めから終わりまで、こういった邪淫のことばかりを述べているわけではない。よって正なる詩を見てはみずから励まし、邪なる詩を見てはみずから戒めるのである。

『伊勢』『源氏』は、いわば『長恨歌《ちょうごんか》』『西廂記《せいしょうき》』などと同格で、それを冗長にし、醜悪にしたものである。それなのに、聖人が教えを垂れた書に比していうのは、まこと

に氷と炭、薫《くん》〔香りがよい草〕と蕕《ゆう》〔悪臭のする草〕とを等しくするようなものだ。（現代語訳）

『詩経』で「淫奔」の詩と言われるものであっても、それは礼儀作法に反するという程度のものあって、『伊勢』『源氏』のように、倫理道徳を乱すようなレベルではない。よってこれらを同日に論ずることはできないというのである。

鳩巣の『伊勢』『源氏』観は、基本的には近世初期における林羅山以来の儒学者たちの言説を、大きく出るものではない。前章で見たように、鳩巣は「人情」や「物のあはれ」の効用を、朱子学の範囲内ではほぼ最大限に肯定・評価したが、それが倫理の枠を超えるものとなると、たとえ虚構であったとしても、やはり容認することはできなかったのだ。

再び『徒然草』の評価

ここで再び『徒然草』に戻る。鳩巣は、右のような物語類に比べれば、『徒然草』はまだ「まし」であると言う。『徒然草』は、好色の段と仏法の段を除けば、「大かたは理趣〔道理〕ある事」が書かれており、第九二段（二本の矢）、第一〇九段（高名の木登り）、第一七一段（貝覆い）、第一八四段（松下禅尼）、第二三五段（主ある家）などは、「いづれも簡要の旨にて、聖賢の教にもかなな」うからだ。

兼好はさすがに利発な人であるから、時として道理に当たることがあったのだろう。「鉄中錚々《てつちゆうそうそう》、傭中佼々《ようちゆうこうこう》」（平凡なもののなかに優れたものがある）という類である。あるいは「管中より豹を窺ひて一斑を見る」（ものを見る目はあるが、視野がせまい）とも言えるだろう。しかし、これほど優秀な人もめったにいないから、「もし聖賢の道（儒学）を学ばしめば、中々《なかなか》釈門（仏教）に陥るには至らじ」。残念なことだ。

（現代語訳）

似たような言説が、林羅山の徒然草注釈書『野槌《のづち》』（元和七年〈一六二一〉序・刊）にもある。兼好が心の持ちようの工夫を述べている部分に対して、「兼好もただの人にあらず」（第二一一段）と言い、また老荘思想に傾倒していると見られる部分に対して、「若《も》し兼好に我道をきかしめば、向上の工夫あるべきに、いと口惜しからずや」（もし兼好にわが道（儒学）を聞かせたら、向上するための努力をしただろうに、なんとも残念だ）（第三八段）と言っている。『野槌』は、徒然草注釈書のなかでは比較的よく読まれ、かつ利用されたものであった（神谷勝広『近世文学と和製類書』）。鳩巣はこの羅山の評価を知っており、それを受け継いだのかもしれない。

ともあれ、羅山にしろ鳩巣にしろ、時代が時代ならば、兼好とともに膝をまじえて語り合えたかもしれないという可能性を口にしている。わが国の古典文学、とくに物語類にきわめて厳しい評価を下した彼らにあって、これはかなりの誉め言葉である。

鳩巣の文学観

以上、鳩巣の文学観を見てきた。詩歌においては、技巧を排除し、「情」の自然な発露に重きを置くという、宋代詩論的な考えを持っていることがわかった。文章においては、漢文・和文を問わず、「義理」があるか否かが、その評価のポイントとなっていた。

義理、すなわち倫理を逸脱するような文学を認めない彼の文学観は、現代から見れば、いささか堅苦しいものに見える。しかし、倫理を逸脱したところにこそ、「人間の真実」が描かれるはずだというような考えは、かなり近代的な発想である。

近世文学においても、倫理を逸脱するような行為は、描かれないことはない。だが、たとえ描かれたとしても、それを犯した人物は基本的に、その罪の重さに見合うだけの代償をはらうことになる。いわゆる因果応報《いんがおうほう》・勧善懲悪の文学観である。とくにそれを厳密に自作に適用したのが曲亭馬琴《きょくていばきん》であったが、その他の多くの作者も、多かれ少なかれこの文学観をもっている。

先述のように、鳩巣ら儒学者の多くは、『伊勢』『源氏』を、いわば「背徳の文学」として否定した。しかし両書は和歌と深く結びついており、近世までにすでに古典としての伝統が強固なものとして確立していたから、そのような否定的評価は一般的には広がらなかった。『伊勢』『源氏』を外して和歌を語ること、古典を語ることは、多くの人々にとってできない相談だったのであり、いわば文学上のアジール（聖域）として、当代文学を補完していたのである。

しかし近世になって新しく生まれた文学は、また話が別である。近世の多くの作者たちは、『伊勢』『源氏』のように倫理を踏みはずすことによって生まれるドラマよりも、倫理を（やむにやまれず）貫きとおすことによって生まれるドラマにこそ、「人間の真実」があると考えていたように見える。多くの読者もまた、そこにこそ文学のリアリティを感じていたのであろう。

その意味で鳩巣の文学観は、かなり純化した形ではあるが、近世文学の基本形、あるいはその精髄を示していたと言える。『雑話』がよく読まれた一因も、おそらくはそこにあったのである。

終章　後代への影響

――『駿台雑話』の受容史

鳩巣の死

享保十九年(一七三四)八月十四日、鳩巣の息・忠三郎《ちゅうさぶろう》が青地礼幹に送った書簡によれば、鳩巣は八月五日ごろから健康状態が悪化し、主治医の福原意伯《ふくはらいはく》が投じた薬では治らなかった。そこで十一日朝、鳩巣門人でもあった中村玄春(蘭林)に投薬を試みてもらったが、これでも回復の兆候はみえず、ついに十二日の巳時(一〇時頃)過ぎ、息を引き取った(『可観』三一、605)。

葬儀については、忠三郎と門人の河口静斎《かわぐちせいさい》がそれぞれに報告しているところを、整理して述べてみよう。

鳩巣は生前より、寺院とはかかわりのない土地への埋葬を希望していた。むろんこれは、仏教への批判精神が強かったためである。また、火葬ではなく土葬とすることも、両親から授かった肉体を、たとえ死後とはいえなるべく損傷させたくないという、儒者一般の考えによるところであった。

そこで門人の恩地善三郎《おんちぜんざぶろう》が、同じく門人で、当時佐渡奉行に転任していた旗本・萩原美雅に相談し、大塚新田村にあった美雅の屋敷の一部、四〇坪を提供してもらうことになった。そこで、やはり門人の伊東貞右衛門《いとうさだえもん》が、懇意であった西丸小納戸役の彦坂真卿《ひこさかちかあき》を通じて、この段について御側衆の認可を求めたところ、十八日昼過ぎに、「勝手次第に葬るべし」（思いどおりに葬送してよい）との回答を得た。

葬送は八月二十一日に行われた。当日は仏式ではなく、おおむね朱熹がまとめた作法書『家礼《かれい》』にしたがって、儒式で行われた。これについては門人の飯室内蔵助《いいむろくらのすけ》が尽力したという。父・玄樸の墓がある小石川光岳寺へ棺を寄せただけで（これは形式上、最低限必要なことであったのだろう）、引導を渡したり、鐃鉢《にょうはち》を鳴らしたり、経を誦したりといったことは一切せず、逝去から埋葬まで、僧侶をひとりも近づけなかった。こうして先生への多年のご厚恩に感謝申し上げた、と。

鳩巣の葬儀は、このように徹底的に仏教を排除した形式で執り行われた。彼が埋葬された大塚新田村は、現在、大塚先儒墓所として整備されている。

鳩巣墓碑

なお、鳩巣門人で薩摩藩の儒者・志賀《しが》登龍《とうりゅう》によれば、鳩巣の邸宅は玄関三畳、小座敷二畳、書院六畳という規模で、たいへん質素なものであった。また、鳩巣は温和で言葉数が少なかったが、笑ったときは三歳の童子のようであったこと、鬢は後下《うしろさが》り（鬢が後ろに下がって見える月代の剃り方）で、背丈は中の下くらいであったことなど、生前の鳩巣を知るうえで貴重な証言を残してくれている（『漢学紀源《かんがくきげん》』巻四、新薩藩叢書・第五巻所収）。

十八世紀後半の『雑話』評

では本書の締めくくりとして、鳩巣の著作が後世、どのように評判されたり、利用されたりしたかについて、略述しておこう。

まずはやはり、『雑話』についての評判から。本書については、鳩巣も生前から予想していたことであるが、賛否の両方がある。

まず賛成派。弟子筋がこれを称賛するのは当然であるが、ここでは別派である闇斎学派の稲葉黙斎《いなばもくさい》「壎篪録《けんちろく》」（宝暦三年〈一七五三〉成、道学遺書初集・巻一所収）の評を掲げよう。黙斎は宋の羅大経《らたいけい》『鶴林玉露《かくりんぎょくろ》』と『雑話』を並べ、この二書はどちらも朱子学を修めた人の著作で、似ているところがあるとし、次のように言う。

『雑話』は俗を諭し、事に益あり。『玉露』は風雅の趣き多し。儒家の慰み本たり。

〔『雑話』は一般人を諭し、ものごとを知るのに有益である。『玉露』は風流な趣向が多く述べられている。儒者が楽しむ本だ〕

『鶴林玉露』は随筆で、慶安元年（一六四八）にはすでに日本でも刊行され、広く読まれていた。『雑話』とはその記述形式が類似しているから、並べたものであろう。またこれに続けて、暇なときにこの二書を読めば、「格致」（ものごとの本質を理解すること）に役立ち、「事変」（世の中の変化）に通じて、いろいろ得るところがある」という注が付けられている。これは鳩巣の意にかなった評判だと言えるだろう。

次に批判派から一例。荻生徂徠の弟子・服部南郭を経由して徂徠学を受容した、湯浅常山《ゆあさじようざん》の『常山楼筆餘《じようざんろうひつよ》』（天明五年〈一七八五〉刊、続日本随筆大成・第二巻所収）巻三には、次のようにある。――伊藤東涯のある門人が常山に、鳩巣は『雑話』のなかで仁斎をさんざんに貶《けな》しているが、仁斎の書をまったく読みもせずに、目をいからして悪口を言っているだけだ、と語った。

この言、寔《まこと》にことはり也。師礼（鳩巣）の仁斎・物子《ぶつし》（徂徠）を論ぜられし、その書を見ず、その意に達せずして誹《そし》られしは、いましき下部《しもべ》のいへる「メクラウチ」となん云へる、妒口《とこう》の甚しきなり。

〔この言葉は、まことにそのとおりだ。鳩巣は仁斎や徂徠を論じるにさいし、彼らの書を読まず、その意図に通じないで謗っているのは、にくき下賤の者が言う「盲打ち」というもので、妬み口もはなはだしいものである〕

常山は東涯門人の言葉に賛同しつつ、さらに鳩巣の徂徠批判についても取り上げて、これは俗にいう「盲打《めくらう》ち」（当てずっぽうに打ちまくること）で、彼らを妬んだものだと批判する。ただし、鳩巣が少なくとも徂徠の『学則』（享保十二年〈一七二七〉刊）および『徂徠先生答問書』（同年刊）を見ていることは、門人の蘆東山へ宛てた書簡にあるとおりで（第四章参照）、まったく見ていなかったというわけではない。

寛政の「異学の禁」へのつながり

十八世紀前半、諸学派の擡頭《たいとう》によって、鳩巣がその存続に大きな危機感をもっていた朱子学であったが、最大の論敵であった徂徠学が、同世紀半ばごろから徐々に失速したこともあって、十八世紀末になると、朱子学はふたたび存在感を増すようになる。寛政二年（一七九〇）五月、いわゆる「異学の禁」が諭達され、林家の学塾における講釈は朱子学のみと定められたのは、これを象徴している（揖斐高「寛政異学の禁と学制改革」）。

こうした「朱子学復権」ともいえる儒学界の版図変動の背後に、鳩巣の学問への共感、およびその実質的な影響があったことが、近年、徐々に明らかになってきている。たとえば山本嘉孝は、いわゆる「寛政の三博士」のひとり柴野《しばの》栗山《りつざん》が、鳩巣の弟子である中村蘭林を介して、鳩巣の学問を継承していることを指摘している（『詩文と経世』第二部）。栗山は鳩巣について、次のように称賛する。

室鳩巣は尤も精悍《せいかん》にして、その制行・文章・経世の才、信に通儒全材と称するなり。（中略）室氏は則ち、彦の嘗《かつ》て景仰して欽慕する所なり。

（「大江《おおえ》尹《いん》に答ふ」『栗山文集《りつざんぶんしゅう》』巻三）

〔室鳩巣はたいへん気性鋭く、その行跡・文章・政治の才は、まことに博学万能の学者と称するに足る。（中略）室氏は彦（栗山）が、以前から尊敬して思慕する人である〕

寛政期の朱子学者が、鳩巣に好意的な評価を与えている例は、まだ他にもあるが、いまは『雑話』の受容に限定して、もう一例だけ紹介しておこう。

やはり「寛政の三博士」のひとり尾藤二洲《びとうじしゅう》は、明和九年（一七七二）に作った「藤村・合田二老人に与ふ」（『静寄軒集《せいきけんしゅう》』巻二）という漢文書簡のなかで、次のように書いている。――自分は若いころ、徂徠学に傾倒していたが、二十四歳のとき『蘐園雑話《けんえんざつわ》』を読んで、その説に疑いを持ちはじめた。その後、朱子学関連の書を読みあさり、聖人の教えがまさにここにあると考えるようになった、と。その思いを確信に変えたのが、『雑話』との出会いであった。二洲、ときに二十六歳。

今歳初秋、暑《しょ》を病みて蓐《じょく》に在り、偶《たま》たま一友生、過訪す。因《よ》りて前事を挙げ以てこれを語る。友生帰り、その蔵する所の『駿台雑話』を齎《もた》らし贈る。しかして曰く、これ先ず子が心の同然を得る者なりと。僕、既に卒業するを得て、手の舞ひ足の踏むところを知らず。

〔今年〔明和九年〈一七七二〉〕初秋、暑気にあたって病床にあるとき、たまたまひとりの友人がやって来た。そこで以前の事〔学問についての悩み〕を語ったところ、友人は家に帰り、自分の持っている『駿台雑話』を携えてきて、私にくれた。そうして、この書はきっとあなたの心のうちと合致しているはずだ、と言う。私はこれを読み終えて、嬉しさのあまり、思わず我を忘れてしまった〕

「手の舞ひ足の踏むところを知らず」とは、相当な喜びようである。『雑話』が、若き二洲の心を鷲摑みにしたのである。

なお、二洲が書いた朱子学入門書に『正学指掌《せいがくししよう》』（天明七年〈一七八七〉刊）がある。「正学」という言葉自体は中国に古くからあるが、ここでいう「正学」とは、古義学や徂徠学などの「異学」に対する、朱子学を指している。

第四章で述べたように、鳩巣は享保十六年（一七三一）ごろから、これと同様の意味で「正学」という言葉を使っており、それは『雑話』のなかにも散見する。たとえば、「後世に至て、正学の開くる端にもなり」（巻一－六「老僧が接木」）、「多き中には正学の志ある人もあるべけれども」（巻一－七「葉公の龍」）、「正学をみだり、後生を誤るこそなげかしけれ」（巻五－一三「言は身の文」）、などがそれである。
伊藤大輔は、二洲および寛政期の朱子学者の使用する「正学」という用語が、直接的には『雑話』の影響を受けたという可能性を指摘している（「室鳩巣と寛政期朱子学者の関連」）。日本的「正学」概念の成立という点で、鳩巣が寛政期のいわゆる「正学派」朱子学者たちに与えた影響は無視できないであろう。『西銘詳義《せいめいしょうぎ》』（天明四年〈一七八四〉刊）、『太極図述《たいきょくずじゅつ》』（同年刊）、『大学章句新疏《だいがくしょうくしんそ》』（天明六年〈一七八六〉刊）、『大学詠歌《だいがくえいか》』（寛政八年〈一七九六〉刊）といった鳩巣の著述が、このころ立て続けに刊行されていることからも、鳩巣の学問への注目が高まっていたことが想像されるのである。

こうして『雑話』は、「正学」を学ぶための入門書となった。たとえば、寛政の改革を主導した松平定信《まつだいらさだのぶ》は、退隠後の文政九年（一八二六）、十五歳であった孫の定和《さだかず》のために『花月亭筆記《かげっていひっき》』（楽翁公遺書・下巻所収）なる教訓書を書き送ったが、そのなかの「敬の事」と題する条で、「鳩巣が説、いと著実（確かなもの）に覚ゆれば、それに譲りてここに略す」と書いている。朱子学の重要概念である「敬」については、『雑話』巻二「敬の工夫」を参照するように、とのことである。

また、同じく『花月亭筆記』のなかの「学問の事」と題する条には、次のようにもある。

読むべき書は、わきて四書五経、及び『大学衍義《だいがくえんぎ》』の類ひ、『史記』『通鑑』、本朝の書は六国史《りっこくし》、神祖の御事記したるもの、『藩翰譜《はんかんぷ》』『駿台雑話』の類をも見るべし。

ここには学問のための基本図書が挙げられているが、「本朝」（日本）の図書としては、六国史（奈良〜平安時代に編纂された六つの歴史書）、徳川家康の言行録、新井白石の『藩翰譜』（大名家の経歴をまとめたもの）などとともに、『雑話』の名前が挙がっている。いわば、「教科書」としての受容である。

「日本」を超えて――琉球・蝦夷地

十九世紀における『雑話』の受容例として興味深いのは、それが外国人にとっても、日本語および日本文化の入門書となっていたらしきことである。明治時代に入り、旧幕時代の歴史談話を筆記した『史談会速記録《しだんかいそつきろく》』第六輯に、明治二十五年（一八九二）十一月に行われた、旧薩摩藩士・市来四郎《いちきしろう》の語った話が収められている。

天保十五年（一八四四）三月、琉球にフランスの軍艦が寄港した。これは、日本と貿易を開始するための拠点準備のためであったらしく、フランス人と中国人の二人が、その後も駐留することになった。しばらくして二人は、日本語および琉球語を学びたいと言い始めた。そのとき、彼らがテキストとして所望したのが、『雑話』と中江藤樹（第二・四章参照）の『翁問答』の二書であったという。

『五倫名義解』（国立公文書館内閣文庫蔵）

もっとも、何の知識もないところから、この二書の名前が出るはずもなく、琉球側が何らかのサジェスチョンをしたのではないかと想像されるが、ともあれ二人はよく勉強し、驚くべき勢いで日本語に熟達していったという。教科書としての『雑話』受容は、このように外国人にまで及んでいたのである。

これに関連して、「外国」において鳩巣の著述が活用された例を、さらに二例ほど紹介しておこう。

ひとつは、蝦夷地。

鳩巣の和文著作の一つに『五常五倫名義』があることは、第三章で述べたが、空谷茂潤《そらたにもじゅん》なる者が、このなかから「五倫名義」のみを書き抜き、奥書を加えて刊行したものに、『五倫名義解《ごりんめいぎかい》』（安政二年

〈一八五五〉刊、国立公文書館内閣文庫蔵）がある（前頁図参照）。そして、その版本を安政四年（一八五七）、函館奉行であった堀織部正《ほりおりべのしょう》（利熙《としひろ》）が、西蝦夷地（北海道北部）宗谷《そうや》に持ち込み、翌五年（一八五八）に幕府の宗谷御用所《そうやごようしょ》で再刻・出版した本が、函館市中央図書館に伝存するという（安岡孝一「『函館市誌』とアイヌ語訳『五倫名義解』」）。

この、宗谷御用所版の出版経緯を記した文書（『大日本古文書　幕末外国関係文書』二一所収、一九二番文書）には、新刻した『五倫名義解』を一〇冊届けるので、それぞれの番家《ばんや》（出張所）へ回し、現地民へ「折々読み聞かせ」ること、また「手跡〔書き方〕稽古」などする者へは一冊ずつ渡す予定であること、などが書かれている。

また、この『五倫名義解』には、蝦夷通辞《えぞつうじ》であった加賀屋伝蔵《かがやでんぞう》によるアイヌ語訳（写本、加賀家文書館蔵）も残っている（安岡、先掲論文）。先住民であるアイヌの人々へ、日本語および倫理道徳を教えるときに使われたのだろう。

もう一つは、琉球。

徳川吉宗の命により、鳩巣が『六諭衍義』の和訳本『六諭衍義大意』を刊行したこと、また近世後期まで、さまざまな身分・地域の人が繰り返し刊行したことは、第二章に述べた。『大意』は、琉球から献上された琉球版『六諭衍義』をもとに作成されたのであったが、今度は逆に、『大意』が琉球へと「輸入」され、乾隆五年（一七四〇）、琉球国の文書奉行であった豊川正英《とよかわせいえい》が、琉球版『六諭衍義大意』（いわゆる『琉球大意』）を述作する。

段暁星によれば、『琉球大意』は、琉球人が日本語の書簡を勉強するためのテキストとして作成されたもので、その内容は、琉球の思想・文化に適応させるため、多少改変されている（「琉球版『六諭衍義大意』の研究」）。またその文体は、俗文体から候文体に変更されているなどの違いがあるともいう。

『琉球大意』はもともと写本として流布したが、幕末期に、琉球国の右筆（書記官）であった仲本朝重《なかもとちょうじゅう》・朝睦《ちょうぼく》父子が、これを刊行した（左図参照）。図版を見ると分かるように、楷書体と草書体が並列して記してある。内容だけではなく、文字の練習もできるようにしたわけだ。

これらは、「日本」を越えたところで、鳩巣の著述が利用された例といえる。いずれも教科書としての利用であり、日本での受容の延長線上にあるものと考えられよう。

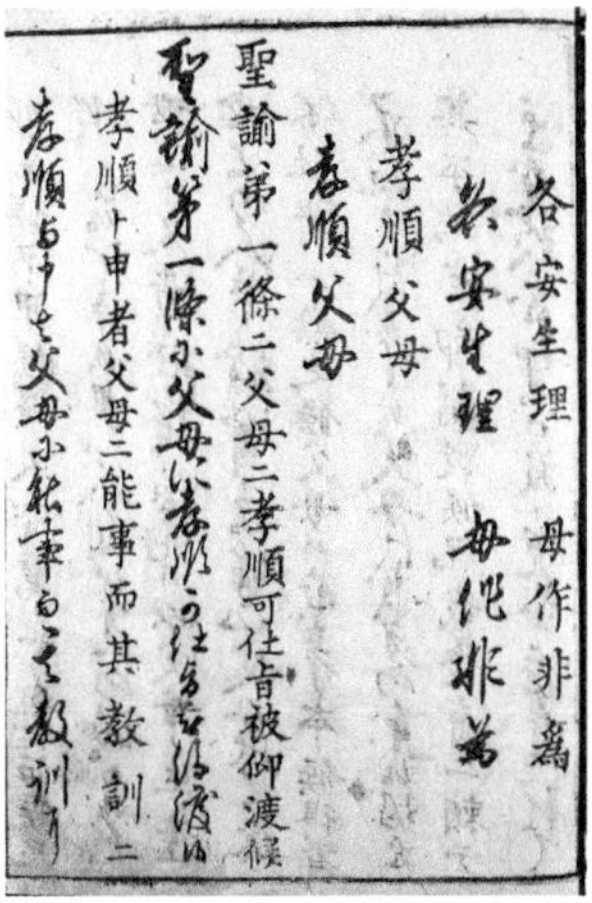
各安生理　毋作非爲
孝順父母
聖諭第一條ニ父母ニ孝順可仕旨被仰渡候
孝順ト申者父母ニ能事而其教訓ニ

琉球版『六諭衍義大意』（沖縄県立図書館蔵）

近代（戦前）の教科書

上述のように、『雑話』は初学者に幅広く活用されたのであるが、その理由の一つは、本書の文章の読みやすさにある。詩人・漢学者が和文を書けば、どうしても漢語を多用した難渋な文章（漢文訓読調）になるし、歌人・国学者が和文を書けば、どうしても古語を多用した婉曲的な文章（擬古文調）になりがちである。その点『雑話』は——あくまでも個人的な印象であるが、漢文訓読調が七割、擬古文調が三割くらいの比率で書かれていて、論理的で明晰な文体のなかにも、ほのかに古典的情緒がただよっている。

そのため明治以後、本書は「国語」を学ぶ人のための模範となり、本文全体を翻刻したものはもちろん、本文の一部を抄録したものも多数刊行された。儒者の和文としては、貝原益軒や新井白石の著作も同様の理由で人気があったが、『雑話』については、その内容的な特質も歓迎されたようだ。たとえば、中野虎三が編纂した『駿台雑話読本』（明治三十年〈一八九七〉）には、次のようにある。

> この人々（室鳩巣・貝原益軒・新井白石）の和文は、普通国文の準拠として、既に明治の教育上に称用せらる。而して『藩翰譜』『読史余論《とくしよろん》』は史学に偏し、『折焼柴記《おりたくしばのき》』は事柄甚《はなはだ》狭く、『大和俗訓《やまとぞくくん》』などの類は事理詳《つまびらか》に過ぎて興味を欠き、『駿台雑話』は優雅にして意義もよく聞え、記す所も亦《また》いと広し。

いわば、思想・歴史・文学にわたって幅広い内容が書かれていることが、「普通国文の準拠」として、より利用価値が高いとされた理由なのであった。

時期	種別	教科書点数(A)	『雑話』掲載点数(B)	百分率(B/A)
明治	旧制中学校	57	47	82%
	高等女学校	37	25	68%
大正	旧制中学校	24	20	83%
	高等女学校	30	17	56%
昭和(18年まで)	旧制中学校	37	30	81%
	高等女学校	35	18	51%

表　戦前の国語読本における『雑話』掲載点数

では、『雑話』は戦前、どれくらいよく読まれていたのか。いま、田坂文穂編『旧制中等教育　国語科教科書内容索引』を利用して、明治二十一年（一八八八）から昭和十八年（一九四三）までに刊行された文部省検定の国語読本（副読本、抄出本は含まず）一二一〇点のうち、『雑話』から教材を取っているものを計上してみると、表のようになる。

便宜上、旧制中学校（現在の中学一年生～高校二年生の男子）と高等女学校（右と同じ年代の女子）とに分けて算出する。

これを見ると、旧制中学校においては明治～昭和期を通じてほぼ八割、高等女学校においては、明治期が約七割、大正期・昭和期には約五割の国語教科書が、『雑話』を教材として利用しているという実態が確かめられる。これは非常に高い比率と言わねばならない。

国語教科書におけるこのような実態を反映して、『雑話』はこの時期、本文テキスト・注釈・抄本・副読本などの関連書も多数刊行されている。現在、筆者が確かめることができたものだけでも、以下の二十数種を数える。むろん、まだほかにも存在するだろう。

書名	編者	初版刊行年	内容
『駿台雑話』	編者不明	明治二十七年	全文
『駿台雑話』	鈴木常松	明治三十年	全文
『駿台雑話読本』	中野虎三	明治三十年（序）	抄本
『駿台雑話註釈』	関儀一郎	明治三十五年	詳注
「駿台雑話」（『日本倫理彙編』七）	井上哲次郎他	明治三十五年	全文
『駿台雑話選釈』	高木尚介	［明治三十八年］	抄本・詳注
「駿台雑話抄」（『武士道叢書』上）	井上哲次郎	明治三十八年	抄本
『国文読本　駿台雑話抄』	国語漢文研究会	明治四十一年	抄本
『国文抄本　駿台雑話』	上田万年	明治四十三年	抄本・略注
『駿台雑話』（千代田文庫）	寺本安之助	明治四十四年	全文
「駿台雑話」（『名家随筆集』上）	三浦理	大正二年	全文
「駿台雑話」（『近世文新鈔参考』）	光風館編輯部	大正十三年	抄本

『詳解 常山紀談・駿台雑話』	玉木退三	昭和六年	抄本・詳注
『新釈駿台雑話』	岩見護	昭和七年	抄本・詳注
『駿台雑話』（いてふ本）	三教書院	昭和十年	全文
『駿台雑話の講義』	宮下幸平	昭和十一年	抄本・詳注
『駿台雑話』（岩波文庫）	森銑三	昭和十一年	全文
『新抄 東西遊記・駿台雑話』	澤潟久孝	昭和十二年	抄本・略注
『藩翰譜・駿台雑話・楽訓鈔』	吉田弥平他	昭和十三年	抄本・略注
『国文抄本 藩翰譜・駿台雑話』	武田祐吉	昭和十三年	抄本・略注
『駿台雑話自習書』	国漢研究会	昭和十四年	抄本・詳注
『駿台雑話』（研究社学生文庫）	壬生勤	昭和十五年	抄本・略注
『駿台雑話詳解』	岩見護	昭和二十一年	抄本・詳注

いまこれを概観するに、『雑話』関連書の刊行は、明治二十七年（一八九四）、その全文を収めた和装活版本（尚栄堂・尚古堂の相版）が出されたのを皮切りとして、明治三十五年（一九〇二）には初の注釈書である関儀一郎『駿台雑話註釈』が出され、以後ますます活況を呈する。また昭和期に入ると、文庫本や副読本、受験用参考書類が多く刊行されていることがうかがえる。

このように、『雑話』は明治から昭和戦前期における「国語」の定番テキストであった。言い換えれば、中等教育を受けた十代の学生の多くが、『雑話』の内容に一度ならず触れていた可能性があるということになる。では、どのような内容がよく読まれたのであろうか。

何が人気の教材であったか

『雑話』に収まる全八三話のうち、前述した旧制中学校教科書に収録された回数が多いものの上位三位を挙げると、一位「手折し手にふく春風」（巻三-八）25回、二位「杉田壱岐」（同-三）22回、三位「阿閉掃部」（同-五）19回となる。すべて、その武士としての立ち居ふるまいの見事さを称賛する説話であることが特徴的だ。

いっぽう高等女学校教科書では、一位「倭歌に感興の益あり」（巻五-六）20回、二位「老僧が接木」（巻一-六）19回、三位「手折し手にふく春風」（前出）5回という結果で、こちらはやはり当時の女子教育の特徴が表れて、文学（和歌）や一般的教訓の話が上位を占めている。

さらに、先述した副読本・受験参考書などの『雑話』関連書のうち、抄本の性格をもつのは一五点ある。それらの抄出話を調査してみると、一位「仁は心のいのち」（巻二-一一）12点、二位「老僧が接木」（前出）と「杉田壱岐」（前出）11点という結果になった。

こうしてみると、「老僧が接木」「杉田壱岐」あたりが、国語教科書や副読本などを通じて、最もよく知られた話だったということになろう。

前者「老僧が接木」は、老齢の僧侶が自分のためではなく、寺の将来を考えて接木をしていたという教訓話（第四章参照）。内容が特殊なので前掲リストには挙げなかったが、英語学者で多数の辞書を編纂した井上十吉《いのうえじゆうきち》は、『英語学講義録』（明治三十～三十一年〈一八九七～九八〉）のなかで本話をとりあげ、英訳している。

また、後者「杉田壱岐」は、近世期～昭和二十年ごろまでの価値観の連続性をよく表すものであろう。命を賭してまで、主君に忠義を尽くす生きざま。それを美談とし、家臣の理想とみなしていたのが、近世という時代である。そしてそれは、命を賭すべき主君が「天皇」あるいは「国家」に読み替えられる形で、明治から昭和期に入っても続いたのである。

『雑話』の戦後

しかし昭和二十年（一九四五）の敗戦は、『雑話』の受容を一変させた。

昭和二十四年（一九四九）から平成十八年（二〇〇六）までに発行された高校国語教科書収録作品の目録である阿武泉監修『教科書掲載索引 13000』によれば、『雑話』は昭和三十年代前半に刊行された教科書のうち、たった四つの教科書で採用されたのを最後に、忽然《こつぜん》とその姿を消してしまう。「国語」の定番教材として、あれほどの高い採用率であったのに、である。その変化のいちじるしさには、ただ驚くほかはない。

この、「戦前」と「戦後」を分ける明確な違いは、教育史の問題として考えるとき、たいへん興味深い。これについては、いまは見通しを述べることしかできないが、そこにはおそらく、思想と文学というふたつの問題があると思われる。

まず思想の側からいえば、『雑話』のひとつの特徴であった「忠義」や「節義」といった概念自体が、戦後は努めて忌避されたということである。これはたとえば、後醍醐天皇《ごだいごてんのう》に最期まで忠誠を尽くしたとして崇められてきた、楠正成の説話がまったく顧みられなくなったことと同様の理由である。また、「孝行」説話もそうあるが、基本的に自己犠牲の精神は、戦後はもはや純粋な美徳とは見なされなくなった。

次に文学の側からいえば、戦後は国語教育に占める「現代文」の比重が高まり、それにともなって「古文」の教材が精選され、近世儒者の和文――それまでは上述のように「普通国文の準拠」などと言われていた――が外されてしまった。「現代文」と「古文」が画然と区別されたことによって、いわばその中間的存在だった近世儒者の和文は、中途半端なものになってしまったのだ。必然的に、「古文」といえば中古・中世の物語・随筆・説話類が、その主体となる。

そしてこのような状況は、基本的に現代まで続いているといえるだろう。

しかし、たとえば「杉田壱岐」の諫言は、権力者や多数派の人々にむかって、自分の意見を真摯に述べるための勇気について考えさせられるし、「老僧が接木」の教訓は、次世代の人たちのために、私たちが何を考え、何をなすべきかを教えてくれるだろう。また、近世儒者の和文は、同じ「古文」であっても文章構造が論理的に明解であり、古文の入門編としても好適である。見方を変えれば、まだまだ活用できる。『雑話』という歴史的遺産を、このまま埋もれたままにしておくのは、もったいない。

優れた古典というものは、時代に寄り添いつつ、再解釈されながら生き延びてきた。『雑話』にはそうした、真の古典となる素質が十分にあると、私は考えている。

あとがき

室鳩巣は徳川吉宗の政権前期に、おもにその文教方面に関する相談役として活躍した。朱子学を心から信奉していた彼は、その教えを長く後世まで伝えるため、晩年、文字どおり精魂を込めて、『駿台雑話』を書き上げた。そして完成の二年後に、この世を去った。

鳩巣の論敵で、朱子学の理念や方法を批判した伊藤仁斎や荻生徂徠の言説は、われわれ現代人にとって、むしろ共感できる点も多い。しかし、近世期の人々の道徳観や文学観の形成に、どれだけ実質的な影響を与えたかという点で言えば、鳩巣のそれは決して等閑に付されるべきではなかろう。終章で見たように、その影響ははるか昭和戦前の国語教科書にまで及んでいるのである。

ならば鳩巣の著述をしっかり読み解くことが、近世人の言論空間の標準的な感覚に近づくことになるのではないか。こうして私は、鳩巣という人物を、研究のキー・マンのひとりとして考えるようになった。本書はその序説とも言うべきものである。

さて、右のような次第で、ここ数年、室鳩巣と『駿台雑話』について考察を重ねてきたのであったが、その間には、鳩巣と吉宗政権との関係、あるいは『駿台雑話』のなかの主君と家来との関係を、思わず現代の問題と重ね合わせて考えたくなる機会が何度かあった。

ひとつは、令和二年（二〇二〇）三月ごろからつい最近まで続いた、新型コロナウイルス感染症に関すること。政府は、感染症の専門家によって構成される分科会に対策を諮問し、分科会はそのつど意見を答申してきた。だが、分科会と政府とのあいだには、しばしば意見の相違・対立があったという。分科会の専門家たちは、難しい判断を迫られたことであろう。このことは、たとえば鳩巣や徂徠が、吉宗の文教方策に一部違和感を抱きながらも、すり合わせの努力をしたことと、どこか通じるものがある。

もうひとつは、令和二年十月に起きた、日本学術会議の会員任命に関すること。当時の首相は、日本学術会議が推薦した一〇五名の候補者のうち、六名の任命を拒否した。この六名は、かつて政権にとって批判的な発言をしていた学者たちで、首相はそれを問題視したという見方がある。真相は分からないままだが、もしそのとおりだとすれば、この首相は「諫言」を容れる度量を持ち合わせなかったということになる。あの暴君と言われた松平忠直ですら、杉田壱岐の諫言に心を動かされた（第五章参照）。鳩巣がこれを見たら、どのような発言をしたであろうか。

江戸時代と現代とでは、政治の建て付けや学問の内容そのものは、大きく違っている。しかし政治と学問、あるいは政治家と学者との関係性は、さほど変わっていない。政治はあくまで現場を、学問はあくまで理念を優先するのである。この、ある意味の普遍性を再発見し、現代をすこし客観的に見つめ直すことができたのは、得がたい経験であった。

また、思わぬ偶然に驚いたこともあった。それは、本書を執筆したタイミングである。鳩巣が幕儒に抜擢されて加賀から江戸に出てきたのは、五十四歳のときであった。いまの私と同年である。もちろん、数え年と満年齢との違いで微妙にズレはあるが、気力・体力のありようは、なんとなく想像がつく。

鳩巣はこの年齢で、人生の第二のスタートを切った。さて私は……。鳩巣のその後の旺盛な仕事ぶり、とくに「大廈《たいか》の一木《いちぼく》」と称し（第四章参照）、朱子学の命脈をつなぐため、愚直に闘い続けたその情熱を見るにつけ、いろいろと考えさせられることであった。


本書は、参考文献に挙げた拙論を核としつつ、ほぼ全編書き下ろしによって執筆した。構想としては、鳩巣の全仕事について網羅的に考察したいと思ったが、享保の改革にから む政治的側面についての一章は、分量とテーマの統一性のために割愛した。今後より内容を深めつつ、発表する機会を待ちたい。

最後に、折に触れて的確なアドバイスをくださり、本書の最初の読者となってくれたKADOKAWA編集部の麻田江里子氏に、感謝申し上げたい。

令和六年四月

川平　敏文

参考文献

はじめに

日置謙編『改訂増補　加能郷土辞彙』（北国新聞社、一九五六年）

序章

杉下元明「『鳩巣先生文集』解説・解題」（『近世儒家文集集成』第一三巻所収、ぺりかん社、一九九一年）
杉下元明「木下順庵と室鳩巣（其一）～（其六）」（『太平詩文』第一四～一六、一九、二一、二二号、一九九九～二〇〇一年）
杉下元明「元禄末期の室鳩巣」（『太平詩文』第四一号、二〇〇八年）
杉下元明「宝永期の室鳩巣」（『太平詩文』第四二号、二〇〇八年）
杉下元明「正徳期の室鳩巣（上）（下）」（『太平詩文』第四三、四四号、二〇〇九年）
杉下元明「享保期の室鳩巣（～その五）」（『太平詩文』第四五、四六、四八、四九、五三号、二〇一〇～二〇一二年）
畑中榮「加賀藩と室鳩巣　葛巻昌興との交流（その1～その4）」（『金沢大学国語国文』第四四～四七号、二〇一九～二〇二二年）
辺土名朝邦「室鳩巣」（柴田篤・辺土名朝邦『中村惕斎　室鳩巣』所収、明徳出版社、一九八三年）
宮崎修多「室鳩巣書翰拾遺　一」（『国文学研究資料館紀要』第一七号、一九九一年）
宮崎修多「鳩巣小説大要」（『近世文学俯瞰』所収、汲古書院、一九九七年）
宮崎修多「「鳩巣小説」の変化と諸本―近世写本研究のために」（『語文研究』第八六・八七合併号、

一九九九年）
宮崎道生『新井白石』（吉川弘文館人物叢書、一九八九年）
村井淳志『勘定奉行　荻原重秀の生涯　―新井白石が嫉妬した天才経済官僚』（集英社新書、二〇〇七年）
山本嘉孝『詩文と経世　幕府儒臣の十八世紀』（名古屋大学出版会、二〇二一年）

第一章
石見清裕訳注『貞観政要　全訳注』（講談社学術文庫、二〇二一年）
揖斐高『江戸幕府と儒学者　林羅山・鵞峰・鳳岡三代の闘い』（中公新書、二〇一四年）
小川和也『儒学殺人事件　堀田正俊と徳川綱吉』（講談社、二〇一四年）
塚本学『徳川綱吉』（吉川弘文館人物叢書、一九九八年）
辻達也『享保改革の研究』（創文社、一九六三年）
辻本雅史『江戸の学びと思想家たち』（岩波新書、二〇二一年）
原田種成『貞観政要の研究』（吉川弘文館、一九六五年）
深井雅海『江戸城御殿の構造と儀礼の研究　空間に示される権威と秩序』（吉川弘文館、二〇二一年）
前田勉「林家三代の学問・教育論」（『江戸教育思想史研究』所収、思文閣出版、二〇一六年）
柳田直美「徳川綱吉の儒教的統治と中国：善書の受容について」（『言語・文化・社会』第一三号、二〇一五年）
渡辺浩『増補新装版　近世日本社会と宋学』（東京大学出版会、二〇一〇年）

第二章
殷暁星「「六諭」関係書の一考察―その「宣講」と流伝を中心に―」（『東アジアの思想と文化』第四

号、二〇一二年）
殷暁星『近世日本の民衆教化と明清聖諭』（ぺりかん社、二〇二一年）
大庭脩編著『享保時代の日中関係資料　一』（『関西大学東西学術研究所資料集刊』九-一、関西大学出版部、一九八六年）
大庭脩『徳川吉宗と康熙帝　鎖国下での日中交流』（大修館書店、一九九九年）
川勝守『日本近世と東アジア世界』（吉川弘文館、二〇〇〇年）
川平敏文「徳川吉宗の文教デザイン―『六諭衍義大意』研究ノート―」（『語文研究』第一二四号、二〇一七年）
久米崇聖会編『小中学生のための　現代版六諭衍義大意』（久米崇聖会、二〇〇四年）
酒井忠夫『増補 中国善書の研究　上』（『酒井忠夫著作集』1、国書刊行会、一九九九年）
鈴木健一「明清社会と江戸幕府の民衆教化思想―六諭を一例として―」（『歴史教育』一五―九・一〇合併号、一九六七年）
角田多加雄「「六諭衍義大意前史」―六諭衍義の成立と、その日本伝来について―」（『慶應義塾大学大学院社会学研究科紀要：社会学・心理学・教育学』第二四号、一九八四年）
角田多加雄「「六諭衍義大意」についての教育思想史的考察」（『慶應義塾大学大学院社会学研究科紀要：社会学・心理学・教育学』第二九号、一九八九年）
高橋昌彦「江戸時代後期における『六諭衍義大意』の多様化」（『福岡大学日本語日本文学』第二三号、二〇一四年）
陳文媛「清朝統治下における台湾の道徳教育―「聖諭」の考察を手がかりとして―」（『慶應義塾大学大学院社会学研究科紀要：社会学・心理学・教育学』第三八号、一九九三年）
辻本雅史『近世教育思想史の研究』（思文閣出版、一九九〇年）
中村忠行「儒者の姿勢―『六諭衍義』をめぐる徂徠・鳩巣の対立―」（『天理大学学報』第二三巻五号、

一九七二年）
東恩納寛惇『庶民教科書としての六諭衍義』（国民教育社、一九三二年）
平石直昭校注『政談　服部本』（平凡社東洋文庫、二〇一一年）
深谷克己「東アジア法文明と教諭支配―近世日本を中心に―」（『アジア地域文化学の発展』所収、早稲田大学アジア地域文化エンハンシング研究センター、二〇〇六年）
眞壁仁「徳川儒学思想における明清交替―江戸儒学界における正統の転位とその変遷―」（『北大法学論集』六二―六、二〇一二年）
三田村鳶魚『教化と江戸文学』（『三田村鳶魚全集』第二三巻、中央公論社、一九七七年、初出は一九四二年）
三村清三郎『近世能書伝』（二見書房、一九四四年）
横田冬彦「近世の学芸」（日本史講座6『近世社会論』所収、東京大学出版会、二〇〇五年）

第三章

飯倉洋一「近世文学の一領域としての「奇談」」（『日本文学』第六一巻一〇号、二〇一二年）
飯倉洋一「「奇談」の場」（『語文』第七八輯、二〇〇二年）
川平敏文「岩田彦助の人と思想―熊沢蕃山・佚斎樗山との関係―」（『近世文藝』第九八号、二〇一三年）
佐竹昭広『古語雑談』（平凡社ライブラリー、二〇〇八年）一二頁
白石良夫『かなづかい入門　歴史的仮名遣VS現代仮名遣』（平凡社新書、二〇〇八年）
中野三敏「静観房まで―談義本研究（五）―」（『戯作研究』所収、中央公論社、一九八一年）
中野三敏「佚斎樗山のこと―談義本研究（三）―」（『戯作研究』所収、中央公論社、一九八一年）
中村幸彦「駿台雑話など」（『中村幸彦著述集』第一四巻「本のはなし」所収、一九八三年）

福留真紀『徳川将軍側近の研究』(校倉書房、二〇〇六年)
福留真紀『将軍と側近　室鳩巣の手紙を読む』(新潮新書、二〇一四年)
森銑三「駿台雑話の成るまで」(『駿台雑話』所収、岩波文庫、一九三六年)

第四章

荒木見悟「室鳩巣の思想」(日本思想大系34『貝原益軒　室鳩巣』所収、岩波書店、一九七〇年)
荒木見悟「崎門学者鈴木貞斎について——一朱子学者の苦悩と転進——」(『日本中国学会報』第三七集、一九八五年)
石川謙『慎思録より駿台雑話へ』(ラヂオ新書、日本放送出版協会、一九四一年)
揖斐高『江戸幕府と儒学者　林羅山・鵞峰・鳳岡三代の闘い』(中公新書、二〇一四年)
大庭脩『享保時代の日中関係資料　三　荻生北渓集』(『関西大学東西学術研究所資料集刊』九 - 四、関西大学出版部、一九九五年)
川平敏文「鍋島直郷と垂加神道——井田道祐事蹟略——」(共同研究報告書『鹿島鍋島藩の政治と文化』所収、国文学研究資料館、二〇〇八年)
川平敏文「室鳩巣『駿台雑話』」(井上泰至・田中康二編『江戸文学を選び直す』所収、笠間書院、二〇一四年)
川平敏文「徒然草をめぐる儒仏論争」(『徒然草の十七世紀　近世文芸思潮の形成』所収、岩波書店、二〇一五年)
塩村耕「雨森芳洲と新井白石」(『文学』第三巻第三号、二〇〇二年)
杉下元明「宝永期の室鳩巣」(『太平詩文』第四二号、二〇〇八年)
杉下元明「梁田蛻巌と木門の人々」(『日本漢文学研究』第一七号、二〇二二年)
鈴木直治「室鳩巣と朱子学」(『近世日本の儒学』所収、岩波書店、一九三九年)

関儀一郎『駿台雑話注釈』（誠之堂書店、一九〇二年）
高橋博巳「室鳩巣における「心」と「我」」（『文芸研究』第八三集、一九七六年）
高橋博巳「室鳩巣における近世的自我をめぐって」（『文芸研究』第八五号、一九七七年）
土田健次郎『江戸の朱子学』（筑摩選書、二〇一四年）
綱川歩美「武蔵国北野天神社と垂加神道」（シンポジウム「近世神道史の新視点―垂加神道を軸として」、『皇學館大學神道研究所紀要』第二八輯、二〇一二年）
徳田武『江戸詩人伝』（ぺりかん社、一九八六年）
中村安宏「室鳩巣と朱子学・鬼神」（『日本思想史　その普遍と特殊』所収、ぺりかん社、一九九七年）
中村安宏「室鳩巣の朱子学変容」（『日本思想史学』第三〇号、一九九八年）
辺土名朝邦「室鳩巣」（柴田篤・辺土名朝邦『中村惕斎　室鳩巣』所収、明徳出版社、一九八三年）
水沢澄子「室鳩巣と蘆野東山について」（『斯文』第八五号、一九八二年）
源了圓・前田勉訳注『先哲叢談』（平凡社東洋文庫、一九九四年）
和田充弘「室鳩巣における正学と異学―『駿台雑話』の思想―」（『文化史学』第五四号、一九九八年）

第五章

今岡謙太郎「忠臣蔵と舌耕文芸」（服部幸雄編『仮名手本忠臣蔵を読む』所収、吉川弘文館、二〇〇八年）
石見清裕訳注『貞観政要　全訳注』（講談社学術文庫、二〇二一年）
大石慎三郎『吉宗と享保改革』（日本経済新聞社、一九九四年）
大石学『吉宗と享保の改革　改訂新版』（東京堂出版、二〇〇一年）
大谷雅夫「近世前期の学問―契沖・仁斎」（岩波講座『日本文学史』第八巻所収、岩波書店、一九九六年）

笠谷和比古『士（サムライ）の思想　日本型組織と個人の自立』（同時代ライブラリー、岩波書店、一九九七年）
笠谷和比古『武士道その名誉の掟』（教育出版、二〇〇一年）
笠谷和比古『武士道　侍社会の文化と倫理』（NTT出版、二〇一四年）
川平敏文「室鳩巣『駿台雑話』」（井上泰至・田中康二編『江戸文学を選び直す』所収、笠間書院、二〇一四年）
川平敏文「室鳩巣『赤穂義人録』論―その微意と対外意識」（井上泰至編『近世日本の歴史叙述と対外意識』所収、勉誠出版、二〇一六年）
近藤斉『近世以降　武家家訓の研究』（風間書房、一九七五年）
佐藤正英「武士の思想―主従関係をめぐって―」（『季刊日本思想史』第四号、一九七七年）
白石良夫「井沢蟠龍著述覚書」『江戸時代学芸史論考』所収、三弥井書店、二〇〇〇年）
白石良夫『説話のなかの江戸武士たち』（岩波書店、二〇〇二年）
高橋圭一「解題（岩渕夜話）」（『京都大学蔵　潁原文庫選集』第六巻所収、臨川書店、二〇一八年）
高橋圭一「大道寺友山『岩渕夜話』について」（『国語国文』第八九巻一号、二〇二〇年）
辻達也「吉宗の将軍継嗣と政局」（『享保改革の研究』所収、創文社、一九六三年）
辻達也『徳川吉宗』（吉川弘文館人物叢書、一九五八年）
根崎光男『犬と鷹の江戸時代　〈犬公方〉綱吉と〈鷹将軍〉吉宗』（吉川弘文館、二〇一六年）
福留真紀『将軍と側近　室鳩巣の手紙を読む』（新潮新書、二〇一四年）
古川哲史「大道寺友山について」（『近世日本思想の研究』所収、小山書店、一九四八年）
辺土名朝邦「室鳩巣」（柴田篤・辺土名朝邦『中村惕斎　室鳩巣』所収、明徳出版社、一九八三年）
村井淳志『勘定奉行　荻原重秀の生涯　―新井白石が嫉妬した天才経済官僚』（集英社新書、二〇〇七年）

若尾政希『「太平記読み」の時代　近世政治思想史の構想』（平凡社ライブラリー、二〇一二年）
渡辺浩『増補新装版　近世日本社会と宋学』（東京大学出版会、二〇一〇年）

第六章

揖斐高『江戸詩歌論』（汲古書院、一九九八年）
神谷勝広『近世文学と和製類書』（若草書房、一九九九年）
川平敏文『兼好法師の虚像　偽伝の近世史』（平凡社、二〇〇六年）
川平敏文「室鳩巣『駿台雑話』」（井上泰至・田中康二編『江戸文学を選び直す』所収、笠間書院、二〇一四年）
川平敏文『徒然草の十七世紀　近世文芸思潮の形成』（岩波書店、二〇一五年）
工藤重矩『平安朝文学と儒教の文学観―源氏物語を読む意義を求めて―』（笠間書院、二〇一四年）
小島康敬『〔増補版〕徂徠学と反徂徠』（ぺりかん社、一九九四年）
杉下元明「木門の詩と詩論」（和漢比較文学叢書16『俳諧と漢文学』所収、汲古書院、一九九四年）
高山大毅「「人情」理解と「断章取義」―荻生徂徠の文学論」（『近世日本の「礼楽」と「修辞」　荻生徂徠以後の「接人」の制度構想』所収、東京大学出版会、二〇一六年）
土田健次郎『江戸の朱子学』（筑摩書房、二〇一四年）
中野三敏「十八世紀の江戸文化」（『十八世紀の江戸文芸―雅と俗の成熟―』所収、岩波書店、一九九九年）
中村幸彦「幕初宋学者達の文学観」（『中村幸彦著述集』第一巻所収、中央公論社、一九八二年）
野口武彦『『源氏物語』を江戸から読む』（講談社学術文庫、一九九五年）
日野龍夫「儒学から文学へ」（『日野龍夫著作集』第一巻所収、ぺりかん社、二〇〇五年）
日野龍夫「近世詩壇と白居易」（『日野龍夫著作集』第一巻所収、ぺりかん社、二〇〇五年）

宮崎修多「江戸中期における擬古主義の流行に関する臆見」（笠谷和比古編『一八世紀日本の文化状況と国際環境』所収、思文閣出版、二〇一一年）
宮崎修多「日本近世中期における古文辞の受容と流布に関する再検討—徂徠研究を俯瞰して—」（『漢文学報』第三〇輯、二〇一四年）
宮崎修多「服部南郭の白詩受容について」（『成城國文學論集』第四一輯、二〇一九年）
山本嘉孝『詩文と経世　幕府儒臣の十八世紀』（名古屋大学出版会、二〇二一年）
藍弘岳「徳川前期における明代古文辞派の受容と荻生徂徠の「古文辞学」—李・王関係著作の将来と荻生徂徠の詩文論の展開—」（『日本漢文学研究』第三号、二〇〇八年）

終章

阿武泉監修『教科書掲載索引 13000』（日外アソシエーツ、二〇〇八年）
伊藤大輔「室鳩巣と寛政期朱子学者の関連—頼春水・尾藤二洲の事例を中心に—」（第三〇回九州近世文学研究会発表資料、二〇一六年）
伊藤大輔「寛政期朱子学者の教学思想の論理と意義—広島藩儒頼春水の主張—」（『九州史学』第一七八号、二〇一八年）
揖斐高「寛政異学の禁と学制改革—老中松平定信から大学頭林述斎へ—」（『日本學士院紀要』第七七巻三号、二〇二三年）
殷暁星「琉球版『六諭衍義大意』の研究」（『書物・出版と社会変容』第二九号、二〇二二年）
川平敏文「室鳩巣『駿台雑話』」（井上泰至・田中康二編『江戸文学を選び直す』所収、笠間書院、二〇一四年）
佐藤泉『国語教科書の戦後史』（勁草書房、二〇〇六年）
島田英明「寛政正学派と反個人主義」（『歴史と永遠　江戸後期の思想水脈』所収、岩波書店、二〇一

八年）
白木豊『尾藤二洲伝』（尾藤二洲伝頒布会、一九七九年）
田坂文穂編『旧制中等教育　国語科教科書内容索引』（教科書研究センター、一九八四年）
高橋章則「寛政異学の禁再考」（『日本思想史学』第二六号、一九九四年）
内藤一志「戦後古典教育の展開―終戦直後の状況についての検討―」（『人文科教育研究』第一一号、一九八四年）
深川明子「中学校における戦後の古典教育」（『金沢大学教育学部教科教育研究』第七号、一九七四年）
船戸雅也「西川晩翠『心学道話』をめぐって―幕末蝦夷地の石門心学―」（『言語・地域文化研究』第二七号、二〇二一年）
別海町郷土資料館編「標津代官南摩綱紀と大通辞加賀伝蔵のアイヌ教導」（『別海町郷土資料館だより』第一七三号、二〇一三年）
眞壁仁「徳川幕府の学制改革―昌平坂学問所成立をめぐって―」（『徳川後期の学問と政治』所収、名古屋大学出版会、二〇〇七年）
安岡孝一「『函館市誌』とアイヌ語訳『五倫名義解』」（『yasuoka の日記』（ブログ）、二〇二三年五月五日、https://srad.jp/~yasuoka/journal/661614/、二〇二三年八月二十六日閲覧）
安岡孝一・安岡素子「アイヌ語訳『五倫名義解』Universal Dependencies 並行コーパスへの挑戦」（東洋学へのコンピュータ利用・第三六回研究セミナー予稿集、二〇二三年、http://hdl.handle.net/2433/284571）
山本嘉孝『詩文と経世　幕府儒臣の十八世紀』（名古屋大学出版会、二〇二一年）
頼祺一「尾藤二洲の思想」（『近世後期朱子学派の研究』所収、溪水社、一九八六年）
頼祺一「頼春水在坂期書簡」（『近世後期朱子学派の研究』所収、溪水社、一九八六年）

天保十四(一八四三)			四月、勝田知郷編『〈首書絵入〉六諭衍義大意』刊行。
嘉永元(一八四八)		『赤穂義人録』刊行（甘雨亭叢書・第三集のうち)。	
安政二(一八五五)		八月、『中庸新疏結尾』刊行。	『五倫名義解』（空谷茂潤奥書）刊行。
安政三(一八五六)		『天下天下論』『大学詠歌』『鳩巣与白石論土屋主税処置』『鳩巣先生書批雑録』刊行（甘雨亭叢書・別集のうち)。	

享保八(一七二三)	66	正月十四日ほか、この年八回侍講。 九月、『五常五倫名義』執筆を仰せつけられる。	
享保九(一七二四)	67	正月十七日ほか、この年四回侍講。	
享保十(一七二五)	68	十二月十一日、西丸へ異動、奥儒者を仰せつけられる。 同月十五日、世子・徳川家重に謁見。 同月二十三日、自作の雪の詩を家重へ御前講釈。	五月十九日、新井白石没。
享保十一(一七二六)	69	二月八日、『大学』三綱領を御前講釈。 二月十六日、『孟子』序を小納戸衆へ講釈。	
享保十二(一七二七)	70		六月、佚斎樗山『田舎荘子』刊行。
享保十四(一七二九)	72		九月、古稀翁（岩田彦助）『従好談』刊行。
享保十六(一七三一)	74	四月八日、『論語学而篇解』(『論語学而篇広義』) 脱稿。	七月、中村三近子『六諭衍義小意』刊行。
享保十七(一七三二)	75	八月二十三日、『駿台雑話』稿本成立。 十月、『駿台雑話』跋を執筆。	
享保十八(一七三三)	76	二月二十八日、『駿台雑話』を家重へ献上。	
享保十九(一七三四)	77	五月二十三日、『太極図述』半分清書終わる。 八月十二日没。大塚に葬られる。	
元文五(一七四〇)			二月、琉球版『六諭衍義大意』（豊川正英編）刊行。
寛延三(一七五〇)		十一月、『駿台雑話』刊行。	
宝暦十一(一七六一)		九月、『五常五倫名義』刊行。	
宝暦十三(一七六三)		翌年にかけ、『鳩巣先生文集（前・後・補遺)』刊行。	
天明四(一七八四)		二月、『西銘詳義』刊行。 五月、『太極図述』刊行。	
天明六(一七八六)		八月、『大学章句新疏』刊行。	
寛政八(一七九六)		八月、『大学詠歌』刊行。	
文政七(一八二四)		七月、『中庸章句新疏』刊行。	
天保五(一八三四)			正月、水野正恭編『六諭衍義大意鈔』刊行。

宝永二(一七〇五)	48	このころ再婚か。	
宝永三(一七〇六)	49		十一月二十三日、息・七十郎誕生。
宝永六(一七〇九)	52	『赤穂義人録』定稿本成立。	五月、徳川家宣、六代将軍に就任。
正徳元(一七一一)	54	三月二十五日、江戸城に登城し、幕儒となることを命じられる。俸禄二〇〇俵。 四月一日、将軍・徳川家宣に謁見する。 同月下旬、大塚に居を移す。 十～十一月にかけて、朝鮮通信使と会談。	
正徳三(一七一三)	56	三月十九日、駿河台に屋敷を賜り、六月二十日、居を移す。	四月、徳川家継、七代将軍に就任。
正徳五(一七一五)	58	正月、『明君家訓』刊行。	
享保元(一七一六)	59		八月、徳川吉宗、八代将軍に就任。
享保二(一七一七)	60	正月二十二日、火災に遭い、家財・蔵書など失う。 五月十三日、駿河台の新居落成。	
享保四(一七一九)	62	十一月三日、高倉屋敷での公開講釈始まる。	
享保六(一七二一)	64	正月十四日、徳川吉宗への御前講釈始まる。 閏七月十三日、『六諭衍義大意』執筆を命じられる。	九月十五日、娘・柔（じゅう）、幕臣・高階伝次郎に嫁す。 十二月十五日、七十郎あらため忠三郎、元服する。 十一月、荻生徂徠付訓本『六諭衍義』刊行。 十一月、渋谷幽軒『塵坑集』刊行。
享保七(一七二二)	65	三月八日ほか、この年『尚書』二回御前講釈。 四月、『六諭衍義大意』刊行。 同月二十九日、『六諭衍義大意』跋を御前講釈。 九月二十二日ほか、この年『貞観政要』六回侍講。	

参考年表

＊『鳩巣先生年譜』（国立公文書館内閣文庫蔵）、大地昌言「鳩巣室先生行状」（『翁草』巻四一所収）、近藤磐雄『加賀松雲公』中巻・八二〜八四頁参照。

年次	年齢	鳩巣事蹟	関連事項
明暦四（一六五八）	1	二月二十六日申上刻、江戸（谷中）にて誕生。	
寛文五（一六六五）	8	谷中より新石町に移住。	
寛文十二（一六七二）	15	二月、加賀藩に小坊主として召し抱えられ、二十人扶持を支給される。 夏、加賀に赴く。 秋、上京し、木下順庵に入門。以降天和二年まで、順庵に付き添って、加賀・京都・江戸を何度も巡回。	
延宝六（一六七八）	21		十一月七日、妹・寒（かん）、小池氏に嫁す。
天和二（一六八二）	25		四月、木下順庵、幕儒となる。
天和三（一六八三）	26		十一月二十四日、父・玄樸没。
貞享元（一六八四）	27	奥小将組となり、俸禄一五〇石を支給される。	
貞享三（一六八六）	29	五月、束髪して名を新助と改める。	
元禄二（一六八九）	32		正月十九日、妹・春（はる）、大地氏に嫁す。
元禄三（一六九〇）	33	九月二六日、俸禄五〇石加増され、都合二〇〇石となる。	
元禄五（一六九二）	35	『楠諸士教』（『明君家訓』）成立。	
元禄十（一六九七）	40	四月、組外組に転ずる。	九月十二日、母・寧（ねい、平野氏）没。
元禄十一（一六九八）	41		十二月二十三日、木下順庵没。
元禄十五（一七〇二）	45	『大学章句新疏』成立。	
元禄十六（一七〇三）	46	『赤穂義人録』初稿本成立。	
宝永元（一七〇四）	47		八月二十日、妻・笹井氏没。

【や行】

柳沢吉保　163
梁田蛻巌　176-177
弥平兵衛宗清　202
山崎闇斎　21-22, 139, 154
山下広内　193
山田麟嶼（大助）　166-167
山根敬心　22
湯浅常山　257-258
結解勘兵衛　120
湯原十左衛門　18
楊亀山　222
楊子　164
吉川惟足　139
四辻善成　247

【ら行】

羅大経　256
李商隠　223
李白　220, 223
李攀龍　144, 148, 228, 230
柳宗元　224, 228
冷泉為満　236
盧疎斎　222
盧綸　224

【わ行】

渡辺競　202
渡辺外記　58

【は行】
萩原美雅　215-216, 254
伯夷　201
羽倉斎宮　171
羽黒（牧野）養潜　21-23
白居易　223
服部寛斎　48-49, 58, 60
服部南郭　164, 257
馬場春水　97
浜川嘉介　164
林葛廬　168
林鵞峰　42, 170, 235-236
林退省　170
林鳳岡　6, 28, 40, 42, 44-45, 50, 52, 84-86, 168, 170, 172-173
林羅山　40, 42, 66-67, 139-140, 154, 236, 248-249
林榴岡　170-171
林良意　56
范鋐　73, 76
東恩納寛惇　78
彦坂真卿　254
尾藤二洲　259-261
人見桃原　168
平賀源内　219
深見有隣　90
深見玄岱　90-91
福原意伯　254
藤田内蔵允（安勝）　61
藤原惺窩　65, 154
淵岡山　140
古林見宜　56
文王　184, 188
方孝孺　202
北条氏澄　190-191
北条高時　202
墨子　164
星合伊織　97
堀織部正（利熙）　264
堀景山　177, 209
堀南湖　177
本阿弥光悦　120
本多猗蘭　164
本多正信　210

【ま行】
前川六左衛門　103, 118
前田綱紀　3, 20-21, 25, 33, 61, 63, 84-86, 172
松尾芭蕉　176
松平安芸守（浅野吉長）　189
松平定和　261
松平定信　4, 261
松平忠直　204-206
松平大和守　111
松平頼常　172
松田善三郎　155-156, 160, 213
松永貞徳　236
間部詮房　29-30, 189
水野忠之　111, 214-216
三田村鳶魚　72-73
源義経　143
源頼政　202
三村清三郎　96
三宅観瀾　28
三宅尚斎　139, 153-155
三輪執斎　140, 158-160
武蔵坊弁慶　142-143
武藤庄三郎　213-214, 255
室玄樸　19, 180
室忠三郎　254
孟郊　223
孟浩然　220
孟子　226
本居宣長　64
森銑三　116, 269

朱熹　109, 135, 168, 222, 225, 240, 242, 255
叔斉　201
朱子　115, 146-147, 159-160, 162
順治帝　77
静観房好阿　72
葉公　119
鍾嶸　222
邵康節　224
菅野兼山　156, 164, 193
菅原道真　29
杉田壱岐　120, 130, 204-206
鈴木貞斎　156, 162
関儀一郎　268-269
荘子　124, 148, 181
蘇東坡　223, 224, 228
空谷茂潤　263

【た行】
太公望（呂尚）　201
太宗　65-66
平頼盛　202
多田東渓　153-154
橘成忠　245
橘隆庵　55
中条信実　170-171
程頤　135
程顥　135
程済　202
程順則　77-79, 84-85, 92
陶淵明　26, 28
道香　143
東方朔　113
土岐丹後守　111
徳川家重　111, 119, 125-126, 128
徳川家継　30, 189
徳川家宣　18, 29-30, 60, 66
徳川家光　66, 150, 199
徳川家康（東照太神君、東照宮、権現様）
7, 66, 68, 184-188, 191, 195, 198-199, 210, 236, 262
徳川綱豊　28
徳川綱吉　40, 52-53, 60, 98, 196
徳川治宝　64
徳川光圀　175
徳川吉宗　3-4, 7, 18, 30, 40, 42, 44, 46, 50-53, 55, 57-60, 62, 65-69, 72-73, 77-83, 85-98, 100, 102, 104, 109, 119, 125-126, 155-156, 159-163, 166-168, 170-171, 188-198, 211, 213-216, 234, 264
徳川頼宣　108
戸田忠真　91
土肥霞洲　49, 56, 58-60
杜甫　220, 223
伴部安崇　158
豊川正英　264
豊島善次郎　97
豊臣秀吉　66, 184
豊臣秀頼　66

【な行】
中江藤樹　82, 140, 262
中根東里　49
中院通躬　170-171
中野虎三　266, 268
中村玄春（蘭林）　112, 128, 254, 258
仲本朝重　265
仲本朝睦　265
中山三柳　242
中山時春　97
那須与一　207
鍋島直郷　158
奈良屋市右衛門　97
成瀬弥市郎　97
南極斎　74
南部草寿　174

荻生徂徠　5, 22, 42, 44, 46, 49, 73, 79, 89-94, 98, 136, 144-148, 156, 159, 162-167, 200, 229, 233, 257-258
荻生北渓　49, 56, 90, 165-166
奥田三角　5
奥村脩運　22, 31, 200
小瀬復庵　93-94
恩地善三郎　254
温庭筠　223

【か行】

貝原益軒　5, 83, 266
加賀屋伝蔵　264
柿本人丸（人麻呂）　236
賈至　237
葛巻昌興　23-25
嘉靖帝（世宗）　76
荷田春満（羽倉斎宮）　171
桂山彩巌　172, 177
賈島　223
加藤在止　73
加納久通　30, 59
河口静斎　254
河野昌庵　62
韓退之　224, 228-229
韓愈　160
北村季吟（拾穂軒）　245
北村篤所　161
木下菊潭　48, 50-54, 56, 58-60, 81, 168, 173-174
木下順庵　18, 20-22, 28, 48, 173
曲亭馬琴　250
吉良義央　157, 199
楠正成　82, 181, 183-184, 272
久世重之　105, 107, 110
熊沢蕃山　82-83, 140, 143, 247
黒田長治　118
契沖　129
兼好　244-245, 249
阮籍　222
小池桃洞　175
康熙帝　77, 84, 92
孔子　142-143, 165, 226 , 232
高師直　244
古稀翁　105-106
呉兢　65
児島常耕斎　48
後醍醐天皇　272
小谷勉善　22
小寺遵路　31, 116, 127, 160, 164
近藤正斎　53

【さ行】

蔡居厚　223
西笑承兌　66
蔡沈　146, 147
酒井雅楽頭　158
酒井摂津守　111
榊原篁洲　174
榊原康政　210
佐々木高綱　207
佐々木万次郎（玄龍）　118
佐藤直方　139, 157-158, 164
佐野房綱　206-209
佐野宗綱　120, 209
三要元佶　66
志賀登龍　255
竺天植　77
志南　224
市南逸民　105
司馬光（温公）　167-168
柴野栗山　258-259
渋谷幽軒　107-108, 114, 124
島津吉貴　78-79, 85-86
下田師古　170-171
拾翠軒　245

人名索引

※頻出する宝鳩巣は省略した。

【あ行】
青木方斎　120
青地斉賢　22, 31-35, 86, 90, 176
青地礼幹　6, 22, 24, 31-33, 35, 50, 88-89, 93-94, 111, 113, 128, 130, 153, 156, 170, 173-174, 197, 213-214, 254
秋元喬知　18, 106-107, 109-110
安積澹泊　175-176
浅野吉長　189
浅見絅斎　139
蘆東山　146, 154-155, 258
阿閉掃部　120, 270
跡部良顕　139, 157-158
阿部忠秋　66
阿部正喬　153, 191
雨森三哲　172
雨森芳洲　174
新井白石　3-5, 18, 28-30, 36, 49, 66, 109-110, 172, 174, 176, 210, 262, 266
荒川景元　161
荒木蓉水　97
有馬氏倫　30, 62, 81, 87, 90, 92, 99, 102, 167-168, 171, 192, 214-216
在原元方　238, 240
安藤聖秀　202
飯室内蔵助　255
石川勘助　94-97
石川謙　134
石川総茂　48, 51-52, 54, 57-60, 111, 155
和泉屋儀兵衛　105
伊勢屋吉兵衛（重羽）　170-171
板倉勝明　200
板倉重宗　120
市来四郎　262
一条天皇　65
佚斎樗山　72, 104-108, 110, 114, 124-125
伊東貞右衛門　254
伊藤仁斎　135-136, 140-141, 143-144, 161-162, 209, 257
伊藤祐清　202
伊藤祐親　202
伊藤単朴　72
伊藤東涯　141, 161-162, 257-258
稲葉黙斎　256
井上十吉　271
井上新左衛門　120
茨城多左衛門（柳枝軒）　182-183
岩田彦助（寅斎）　105-110, 114, 124
植田玄節　156
浦上弥五左衛門　52-54
袁中郎　227
王維　220, 223
王世貞　144, 148, 228, 230-231
歐陽修　224, 228
王陽明　138, 140, 162, 231
大石内蔵助　200, 203-204
大久保彦左衛門　120
大久保往忠　114
大島雲平　62
大高忠雄　203-204
大地昌言　31, 128-129, 136, 153-154, 200, 218
小笠原胤次　30, 190-191
岡島冠山　90-91
岡田竹圃　48
岡田磐斎　158

『補遺鳩巣先生文集』 19, 22, 26, 176, 180
『鳳岡林先生全集』 172

【ま行】
『増鏡』 245-246
『万葉集』 240-244
『水鏡』 245-246
『名家叢書』 166
『明君家訓』 82, 182-183
『孟子』 48, 89, 118-119, 140, 160, 176, 196
『文選』 27

【や行】
「山下広内上書」 193
『大和俗訓』 266
『有徳院殿御実紀』 6
『有徳院殿御実紀附録』 83

【ら行】
『礼記』 56, 165
『六韜』 185
『六論衍義』 4, 63, 69, 73, 75-81, 83-86, 88, 90-93, 102, 163, 264
『六論衍義大意』 4, 7, 53, 62, 73-75, 81-82, 95-100, 102-104, 264-265
『栗山文集』 259
『論語』 23, 48, 58, 60, 140, 165-166, 196
『論語学而篇解』（『論語学而篇広義』、『論語集註広義』） 115-116
『論語集註』 115

【わ行】
『和字正濫鈔』 129

『四書』 198
『詩人玉屑』 222-223, 225
『史談会速記録』 262
『詩評』 222
『集義和書』 82-83, 143
『従好談』 105-107, 109-110
『松雲公林家往復書簡』 84
『小学』 44, 48, 198
『貞観政要』 65-68, 216
『貞観政要諺解』 66
『常山楼筆餘』 257
『初学筆要集』 96
『書経』 56, 62, 159
『書籍目録作者寄』 105
『書集伝』(『書注』) 146-147
『新安手簡』 66
『塵坑集』 107-109
『新釈駿台雑話』 269
『慎思録より駿台雑話へ』 134
『駿台雑話自習書』 269
『駿台雑話詳解』 269
『駿台雑話選釈』 268
『駿台雑話註釈』 268-269
『駿台雑話読本』 266, 268
『駿台雑話の講義』 269
『駿台随筆』 245
『正学指掌』 260
『蛻巌集』 177
『静寄軒集』 259
『西廂記』 247
『西銘詳義』 261
「聖諭十六条」 77
『前篇鳩巣先生文集』 22, 24, 26
『荘子』 105, 124
『徂徠先生答問書』 144-147, 162, 258

【た行】
『戴恩記』 236
『大学』 23, 48, 73, 104, 142
『大学詠歌』 261
『大学衍義』 261
『大学章句新疏』 261
『太極図述』 261
『醍醐随筆』 242, 243
『大清会典』 90
『台徳院殿御実紀』 205
『大日本史』 175
『太平記』 43, 184, 244-245
『太平記評判秘伝理尽鈔』 183-184
『太平国恩俚談』 73
「中華の儀に付申上候覚」 79
『注疏』 167-168
『中庸』 48, 56
『長恨歌』 247
『鎮火用心車』 74
『徒然草』 244, 245, 248
『庭訓往来』 95
『輟耕録』 222
『天正十七年本節用集』 122
『東山集』 147, 155
『読史余論』 266

【な行】
『南郭文集』 164
『野槌』 249

【は行】
『囃物語』 122
『藩翰譜』 262, 266
『百人一首』 234
『風流志道軒伝』 219
『武鑑』 46, 168
「復讐論」 157
『福寿堂年録』 91
『弁対問』 164
『弁道』 144

書名索引

※頻出する『兼山麗澤秘策』『可観小説』『浚新秘策』『鳩巣小説』『駿台雑話』は省略した。

【あ行】

『赤穂義人録』　184, 200–201, 203
『伊勢物語』　237, 246–248, 250–251
『田舎小学』　108–109
『田舎荘子』　72, 104–105, 109, 124
『今川状』　95
『当世下手談義』　72–73
『隠秘録』　159
『謡抄』　83
『栄花物語』　245–246
『英語学講義録』　271
『詠象詩』　5
『易経』　53, 56
『江戸砂子』　46
『江戸惣鹿子名所大全』　45
『園太暦』　245
『大鏡』　245–246
『翁問答』　82, 262
『折焼柴記』　266

【か行】

『河海抄』　247
『学則』　146–147, 258
『学寮了簡書』　42–43
『鶴林玉露』　256
『花月亭筆記』　261
『鵞峰林学士文集』　235
『家礼』　255
『漢学紀源』　256
『亀山先生語録』　222
『鳩巣小説』　33, 118–119, 206
『鳩巣先生義人録後語』　200
『鳩巣先生年譜』　19, 40, 48–49
『教化と江戸文学』　72
『教訓雑長持』　72
『堯典和解』　159
「教民榜文」　76
『近思録』　44, 48, 198
『近世能書伝』　96
『錦里文集』　20
『楠諸士教』　81–83, 181–182, 186, 198, 208, 212
『慶賀の詠草　和歌山城内講筵の図』　64
『蘐園雑話』　259
『蘐園随筆』　22
『源氏外伝』　247
『源氏物語』　237, 246–248, 250–251
「壎篪録」　256
『孝経』　44
『好書故事』　53
『後編鳩巣先生文集』　176
『好祐類編』　21
『古学先生文集』　143
『古今集』　238, 240–242
『五常五倫名義』　102, 104, 263
『古文真宝』　27
『語孟字義』　143
『五倫名義解』　263–264

【さ行】

『史記』　261
『詩経』　56, 146, 220–221, 240–243, 246–248
『詩経集註』　222, 242
『詩史』　224
『資治通鑑』　167–168, 242, 262
『資治通鑑綱目』　109, 167–168

川平敏文(かわひら・としふみ)
1969年、福岡県生まれ。九州大学大学院教授。九州大学大学院博士後期課程修了。博士(文学)。熊本県立大学准教授、九州大学大学院准教授を経て、2021年より現職。専攻は日本近世文学・思想史。著書に『徒然草　無常観を超えた魅力』(中公新書、2020年)、『兼好法師の虚像』(平凡社選書、2006年)、『徒然草の十七世紀』(岩波書店、2015年/やまなし文学賞、角川源義賞受賞)ほか。

角川選書 671

武士《ぶし》の道徳学《どうとくがく》　徳川吉宗《とくがわよしむね》と室鳩巣《むろきゆうそう》『駿台雑話《すんだいざつわ》』

令和6年6月26日　初版発行

著　者／川平敏文《かわひらとしふみ》

発行者／山下直久

発　行／株式会社KADOKAWA
〒102-8177　東京都千代田区富士見2-13-3
電話 0570-002-301(ナビダイヤル)

印刷所／株式会社KADOKAWA

製本所／株式会社KADOKAWA

装　丁／片岡忠彦　　帯デザイン／Zapp!

ISBN 978-4-04-703722-9　C0321

◆◇◇

この書物を愛する人たちに

詩人科学者寺田寅彦は、銀座通りに林立する高層建築をたとえて「銀座アルプス」と呼んだ。
戦後日本の経済力は、どの都市にも「銀座アルプス」を造成した。
アルプスのなかに書店を求めて、立ち寄ると、高山植物が美しく花ひらくように、
書物が飾られている。
印刷技術の発達もあって、書物は美しく化粧され、通りすがりの人々の眼をひきつけている。
しかし、流行を追っての刊行物は、どれも類型的で、個性がない。
歴史という時間の厚みのなかで、流動する時代のすがたや、不易な生命をみつめてきた先輩たちの発言がある。
また静かに明日を語ろうとする現代人の科白がある。これらも、
銀座アルプスのお花畑のなかでは、雑草のようにまぎれ、人知れず開花するしかないのだろうか。
マス・セールの呼び声で、多量に売り出される書物群のなかにあって、
選ばれた時代の英知の書は、ささやかな「座」を占めることは不可能なのだろうか。
マス・セールの時勢に逆行する少数な刊行物であっても、この書物は耳を傾ける人々には、
飽くことなく語りつづけてくれるだろう。私はそういう書物をつぎつぎと発刊したい。
真に書物を愛する読者や、書店の人々の手で、こうした書物はどのように成育し、開花することだろうか。
私のひそかな祈りである。「一粒の麦もし死なずば」という言葉のように、
こうした書物を、銀座アルプスのお花畑のなかで、一雑草であらしめたくない。

一九六八年九月一日　角川源義